SQUIRE RUSHNELL

Wenn Gott zwinkert

SQUIRE RUSHNELL

Wenn Gott zwinkert

Wie die Kraft des Zufalls Dein Leben leitet

SILBERSCHNUR

Originaltitel: WHEN GOD WINKS, Beyond Words Publishing, Inc

Aus dem Amerikanischen von Mag. Christian Schweiger

ISBN 3-89845-034-1

1. Auflage 2003

Gestaltung & Satz: XPresentation, Boppard
Druck: FINIDR, s.r.o., Český Těšín

Verlag »Die Silberschnur« GmbH · Steinstraße 1 · D-56593 Güllesheim

www.silberschnur.de
e-mail: info@silberschnur.de

Lieber Leser,

Dieses Buch wird den Verdacht stärken, dass Zufälle eigentlich gar keine sind.

Mehr noch, es wird uns einen wundersamen Plan enthüllen, nach dem sich unser Leben bisher richtete und mit dem schließlich auch unsere Träume wahr werden können.

Gott hat Dir zugezwinkert

SQuire Rushnell

PS:
Schreib mir doch, wenn sich diese Versprechen erfüllen. Entweder auf meiner Website www.whengodwinks.com *oder an P.O. Box 690531, Quincy, Massachusetts 02269-9903, USA.*

PPS:
Ja, das Q in meinem Vornamen ist absichtlich groß geschrieben.

Zu-fall

Eine Reihe unwillkürlicher Ereignisse, die geplant oder im Voraus bestimmt scheinen.

Wink

Ein Zeichen oder eine ausdrückliche Nachricht.

Ein Zwinkern Gottes

Ein persönliches Zeichen oder eine Nachricht einer höheren Kraft, die sich häufig, wenn auch nicht immer, in Form eines Zufalls offenbart.

Danksagung

Mein besonderer Dank gilt meiner geliebten Frau Louise für ihre spirituelle Führung, meiner Tochter Robin für ihre geschickte Redaktionshilfe und der wunderbaren Autorin Marian Christy, deren tiefes Wissen in dieses Buch einfloss. Ich danke auch Euch allen – und Ihr wisst, dass Ihr gemeint seid, die Gott dabei geholfen haben, mich auf meinem Lebensweg in die richtige Richtung zu stupsen.

Inhaltsverzeichnis

Zweiter Teil

Dritter Teil

Einleitung

Unser Schicksal ist kein Zufall; es ist eine Wahl.
Man kann nicht auf sein Schicksal warten,
sondern muss es selbst vollbringen.
William Jennings Bryan

Ist es dir noch nie passiert, dass du an jemanden dachtest, der dir seit Jahren nicht mehr in den Sinn gekommen war und der plötzlich am nächsten Tag deinen Weg kreuzte? Hast du noch nie eine unangenehme Erfahrung gemacht wie z.B. eine Kündigung, nur um später herauszufinden, dass erst dieser Umstand dir eine wesentlich bessere Gelegenheit eröffnete? Hast du dich nicht kurz gefragt, ob es sich dabei nicht eher um eine Fügung des Schicksals handelte, bevor dein Verstandesdenken diese Ereignisse wieder einmal als „reinen Zufall" abhakte?

Ja, warum liest du eigentlich gerade diese Zeilen? Rein zufällig, oder könnte es sich nicht vielleicht tatsächlich um eine Fügung handeln, um mehr über dich selbst und diese mysteriösen Wegweiser zu erfahren, die ich Gotteswinke nenne? Ich meine damit all diese eigenartig passenden Begebenheiten und diese Begegnungen mit bestimmten Menschen in ganz bestimmten Momenten, die unser Leben in eine andere Richtung lenken und uns mit völlig unerwarteten Situationen konfrontieren.

Du bist drauf und dran, dir etwas einzugestehen, was du schon lange vermutet hast, und zwar, dass es sich bei Zufällen um kleine Zeichen in deinem Leben handelt, die dir verschiedene Anstöße auf diesem Weg geben sollen, der allein für dich vorgezeichnet wurde. Dieses Buch ist also nichts weiter als eine Brücke zur Selbsterkenntnis.

- Im ersten Teil zeige ich auf, wie wir uns der Einsicht öffnen können, dass eine höhere, kosmische Kraft in unserem Leben wirkt.
- Im zweiten Teil lesen wir, wie diese Zufälle unser Leben bereichern. Wir lernen, wie wir selbst Zufälle bewirken können, indem wir unsere Wünsche in Winke des Schicksals verwandeln. Außerdem erzähle ich von Leuten wie du und ich oder aber prominenten Persönlichkeiten, die Zuversicht aus solchen Gotteswinken gewannen und sie zu festen Bestandteilen ihres Alltags werden ließen.
- Der dritte Teil ist voll faszinierender Geschichten, die aufzeigen, wie Gotteswinke auf alle Aspekte unseres Lebens einwirken können: von der Berufswelt über die Welt des Sports oder der des Films bis hin zu unseren zwischenmenschlichen Beziehungen.

Ich möchte dir ans Herz legen, auf dieser wunderbaren Entdeckungsreise durch die Gotteswinke in deinem eigenen Leben auch Möglichkeiten offen gegenüberzustehen, die du dir bisher nicht einmal vorstellen konntest, aber auch bereit zu sein, selbst Schritte zu unternehmen, um Ziele und Träume anzusteuern, die heute noch fern scheinen.

Also, die Zauberreise kann losgehen!

Zeichen aus der Vergangenheit

Fast jeder von uns hegt wohl schon seit geraumer Zeit den nur selten zur Sprache gebrachten Verdacht, dass bestimmte Geschehnisse kein Zufall sein können und dass sie ganz besonderer, meist spiritueller Natur sind. Für dieses Buch habe ich zahlreiche Menschen interviewt und hunderte solcher „Zufallsgeschichten“ gesammelt, um das Leben anderer durch diese synchronistischen Ereignisse zu bereichern.

Oft wird erzählt, dass solche Zufälle in manchen Lebensphasen besonders häufig, ja manchmal sogar am laufenden Band auftreten. Der Autor und Zukunftsforscher Peter Russell spricht in dieser Hinsicht von „seltsamen Zufallsketten“, während Arthur Koestler, ein bekannter Theoretiker der Synchronizität, von „Kausalketten zufälliger Ereignisse“ schreibt.

In diesem Buch lade ich dich daher zu einer Art archäologischen Expedition in dein bisheriges Leben ein. Wenn du dich darauf einlässt, wirst du mit Überraschung feststellen, dass all deine Beziehungen, ja dein ganzes Leben mit seinen Höhen und Tiefen ein Muster bzw. eine Kette solcher Zufälle aufweist.

Listest du diese Schicksalswinke dann methodisch auf, wirst du feststellen, dass sie an Wendepunkten deines Lebens besonders häufig auftreten: wenn du einen Partner verloren oder gefunden hast, bei einem wichtigen Ereignis im Berufsleben wie einer Beförderung oder einer Kündigung oder bei einer dramatischen Wende in deinem Privatleben.

Je besser es uns gelingt, solche Zufallsereignisse zu identifizieren, desto mehr Zuversicht und Vertrauen bekommen wir in unser Leben, und das Gefühl macht sich breit, dass wir nie ganz allein sind. Irgendwo da oben gibt es ein universelles Leitsystem, auf dessen Radarschirm wir erscheinen.

Meine Erfahrungen mit Gotteswinken

Die Idee, eine Chronik solcher Zufallsereignisse zu erstellen, kam mir zum ersten Mal, als ich die Wendepunkte meines eigenen Lebens unter genaueren Augenschein nahm. Ich dachte an die Zeit zurück, als ich mir bewusst die Frage stellte, was ich in meinem späteren Leben einmal werden wollte. Ich war zehn Jahre alt und vollkommen fasziniert von einem Besuch beim lokalen Radiosender. Ja, ich wollte Radiosprecher werden.

Mit 14 hatte ich meinen größeren Bruder schon vier Jahre lang damit verrückt gemacht, einen Besenstiel als Mikrophon zu verwenden und die Zeitung mit tief gedämpfter Stimme wie David Brinkley vorzulesen. Aber mein eigentliches Idol war der Morgenkommentator Dean Harris von einem kleinen Radiosender, der 60 Meilen von unserem Ort entfernt lag. Dean Harris war ein recht energischer Journalist, der es besonders liebte, die Legionen seiner Zuhörer dazu aufzumuntern, zu welcher Musik auch immer „um den Frühstückstisch zu marschieren". So eiferte ich besonders ihm mit meinem Besenstiel nach und musste mich oft genug vor einer Müslipackung in Deckung bringen, die mein Bruder nach mir schleuderte.

Der Zufall geschah, als ich 15 war. Für mich war es ein ganz besonderer Tag. Irgendwie hatte ich es geschafft, ein Vorstellungsgespräch mit Jim Higgins, dem Leiter des lokalen Fernsehsenders WCNY-TV, zu ergattern. Trampen war zu jener Zeit noch eine relativ sichere Angelegenheit, weshalb ich versuchte, auf diese Weise ins zehn Meilen entfernte Watertown zu gelangen.

Auf der kleinen Landstraße war nur wenig los, und von den ohnehin raren Autos wollte keines anhalten. So langsam begann ich zu verzagen, da die Zeit verstrich und ich fürchtete, meinen Termin zu verpassen. Endlich blieb ein grüner VW stehen und die Autotür ging auf. Ein freundlich lächelnder Mann mit schütterem Haar bot mir den Beifahrersitz an und fragte mich, wohin ich denn wollte. Ich war so froh, endlich mitgenommen zu werden, dass ich wohl im selben Atemzug erzählte, wohin ich wollte und was das eigentliche Ziel meiner Expedition war.

Als ich wieder Luft holte, schüttelte der Fahrer mir die Hand mit den Worten: „Sag Jim Higgins einen schönen Gruß von mir." Ich schaute ihn fragend an, worauf er fortfuhr:

„Ach ja, ich heiße Dean Harris."

Ich fiel aus allen Wolken. Von all den Leuten, die mich an diesem Tag zu meinem ersten und wichtigsten Gespräch für einen Radiojob hätten bringen können, war es niemand anderer als mein Held Dean Harris höchstpersönlich. Für einen jungen Anhalter, der nicht viel mehr als seinen Traum hatte, war dies ein klarer Wink des Schicksals, der mir genau in dem Augenblick Zuversicht schenkte, in dem ich sie am meisten brauchte. Schon damals und noch oft danach fragte ich mich, wie es zu diesen Zufällen kommen konnte. Die mathematische Wahrscheinlichkeit für solche Ereignisse ist verschwindend gering. Rückblickend war die Botschaft jener eigenartigen Begebenheit, dass es sich dabei keinesfalls um einen bloßen Zufall, sondern vielmehr um den Fingerzeig einer universalen Kraft handelte, die so ihren Einfluss auf unser Leben ausübt.

Dieser Wink am Beginn meiner Berufslaufbahn war ein kleines, aber nichtsdestoweniger starkes Zeichen, um mir zu zeigen, dass ich den von mir eingeschlagenen Kurs beibehalten sollte und alles sich zum Besten wenden würde.

Oh ja, ich bekam die Stelle.

Was wir aus dieser Geschichte lernen können

Ich hoffe, diese Geschichte hilft auch dir, solche vergessenen Zufälle aus deinem eigenen Leben wieder aufzuspüren. Du kannst damit beginnen, über die wichtigen Wendepunkte in deinem Berufsleben nachzudenken. Dabei ist es nebensächlich, ob sie sich tatsächlich zugetragen oder ob sie dein Leben in Form von Träumen oder Wünschen beeinflusst haben.

Setz dich in einen angenehmen Sessel, dimme das Licht, nimm einen guten Stift zur Hand und lass deine Gedanken zu deinen frühesten Erinnerungen schweifen. Schreibe die Antworten auf folgende Fragen in ein kleines Zufallstagebuch, auf das ich gleich zurückkommen werde. Lass deiner Feder freien Lauf, ohne das Geschriebene zu korrigieren oder zu zensieren. Du wirst überrascht sein, welch vergessene Wendepunkte da zu Tage kommen werden.

- Was war der erste Berufswunsch, an den du dich erinnern kannst?
- Weißt du noch wie alt, wo und bei wem du warst?
- Gab es ein bestimmtes Ereignis, einen Ort oder einen Menschen, der dieses Berufs- oder Lebensziel in dir weckte?
- Was waren die ersten Schritte zu deinem jetzigen Beruf oder Lebensinteresse?
- Erinnerst du dich an einen Wink, ungewöhnliche Ereignisse oder Umstände im Zusammenhang mit deinem Berufs- oder Lebenswunsch?

Die letzte Frage ist sicher am schwierigsten zu beantworten. Aber mach dir keine Sorgen. Du bist nicht allein. Wir alle übersehen und verdrängen solche Zufälle. Deshalb ist es auch so schwer sich an sie zu erinnern. Du brauchst nur ein wenig Geduld ... und Ausdauer. Schon bald wird es dir immer leichter fallen, dir solcher Ereignisse aus der Vergangenheit bewusst zu werden, und du wirst das Gefühl haben, Gold aus einer vergessenen Mine zu bergen. Bevor du es überhaupt begreifst, werden dir solche Umstände klar, sobald sie geschehen, und nicht erst Jahre später.

Nur allzu oft werden lebensbestimmende Zufälle als dumme Nebensächlichkeiten abgetan. Auch mir ging es so. Natürlich erinnerte ich mich immer daran, wie mein Idol mich beim Trampen in die Fernsehstation mitgenommen hatte, doch wurde mir erst beim Verfassen dieses Buches klar, dass es sich dabei eigentlich um ein starkes Zeichen gehandelt hatte, dass ich mich tatsächlich auf dem richtigen Weg befand.

Ich will etwas später noch näher auf die Frage eingehen, wie Träume, Wünsche und Gebete helfen können, Zufälle zu bewirken und unser Leben durch sie zu bereichern. Durch gezieltes Wünschen können die Winke Gottes unseren ganzen Lebensweg säumen.

Ein Zufallstagebuch

Ich habe da ein kleines flaches Büchlein, welches leicht in einer Hemd- oder Brieftasche Platz hat. Jedes Mal, wenn ich mir einer Fügung des Schicksals bewusst werde, schreibe ich ein paar Zeilen dazu in dieses Zufallstagebuch. Auch wenn ein Wendepunkt in meinem Leben eintritt, von dem ich annehme, dass er früher oder später die „Zufallsautomatik" in Gang setzt, halte ich das in diesem Büchlein fest und lasse ein paar Zeilen danach frei, um auch den folgenden Wink eintragen zu können. In den meisten Fällen handelt es sich bei meinen Notizen jedoch um ganz alltägliche Zufälle. Obwohl diese keineswegs weltbewegend sind, ist es immer äußerst aufschlussreich, wenn ich diese Seiten später wieder durchblättere. Schon nach den ersten Wochen war ich erstaunt, wie fruchtbar all diese Zeichen Gottes waren, die ich vorher nur mit einem Achselzucken abgetan hatte. Und es beeindruckt mich nach wie vor, mit welcher Präzision diese Winke zu wichtigen Momenten meines Lebens eintreffen.

Probier es einfach! Ein kleines Büchlein, ein paar zusammengeheftete Seiten oder ein Blatt Papier auf der Kühlschranktür genügen. Wichtig ist vor allem, dass dieses Tagebüchlein uns ständig begleitet und uns so daran hindert, die Zufälle unseres Lebens ins Hinterstübchen des Vergessens zu stecken. Sie sind oft derart flüchtiger Natur, dass sie ebenso schnell wieder aus unserem Bewusstsein gleiten, wie sie gekommen sind. Daher sollten wir uns angewöhnen, sie unmittelbar auf diese Weise festzuhalten.

Meine Versprechen an dich

1. Du stehst unter dem Einfluss eines kosmischen Leitsystems, das dir tagtäglich kleine Zeichen auf dem Lebensweg setzt.

2. Spürst du die Zufälle deiner Vergangenheit auf, wirst du erstaunt sein, wie sehr dies dein bisheriges Leben auf den Punkt bringt und dadurch ein viel klareres Licht auf die Zukunft wirft.

3. Du kannst dir die Kraft des Zufalls für deinen künftigen Lebensweg nutzbar machen. Das Schicksal setzt eindeutige Zeichen, um dir zu zeigen, ob du dich auf dem richtigen Weg befindest.

4. Zufälle geschehen aus einem guten Grund. Sie sollen dir klarmachen, dass du nicht allein bist.

Erster Teil

Zeichen erkennen

Kapitel 1

Gott zwinkert und Zufälle geschehen ständig

Ich werde nie glauben,
dass Gott mit der Welt Würfel spielt.
Albert Einstein

Erinnern wir uns an alle Details, die mit großen Veränderungen in unserem Leben einhergingen, so wird augenscheinlich, dass sie praktisch alle mit besonderen Zufällen zusammenhingen.

Es bedarf besonderer Sorgfalt, solche Zufälle aus Krisenzeiten oder Phasen radikaler Umstellung zu entschleiern. Manchmal waren die Ereignisse selbst so überwältigend, dass sie kaum andere Gedanken zuließen. Wenn wir jedoch heute an diese Situationen zurückdenken, ist es nicht nur überraschend, sondern auch ermutigend festzustellen, dass die Gotteswinke gerade hier besonders häufig waren.

Zuversicht aus Zeichen gewinnen

Erinnere dich an die Zeit, wie du als Kind mit den Erwachsenen bei Tisch gesessen hast. Einer von ihnen lächelte und zwinkerte dir zu. In diesem Zwinkern lag Zuspruch, Liebe und Aufmerksamkeit.

Ein Gotteswink ist eine ähnliche Botschaft, die uns Zuversicht gibt, wenn wir sie am meisten brauchen: an Kreuzungen unseres Lebensweges und dann, wenn nichts mehr sicher scheint. Wir könnten sogar sagen, dass Zufälle ein Werkzeug Gottes sind, um ständig in unserem Leben gegenwärtig zu sein.

Überleg dir mal: Wärst du Gott und würdest mit den Menschen Kontakt aufnehmen wollen, ohne dich ihrer Sprache zu bedienen, wie würdest du das anstellen? Du würdest kleine Wunder vollbringen, nicht wahr? Du würdest Zufälle schaffen, bei denen die Menschen sich fragen würden: „Wie groß ist die Wahrscheinlichkeit, dass dies oder jenes eintritt?“ Das sind Winke Gottes.

Die Umstände meiner nächsten Geschichte spendeten mir viel Zuversicht in einer Situation, in der alles in meinem Berufsleben schwankte. Seit diesem fernen Tag, an dem ich als Anhalter fuhr, um zu meinem ersten Vorstellungsgespräch zu kommen, waren einige Jahre verstrichen, und ich war über die verschiedensten Posten im Fernsehen zu einem leitenden Angestellten des ABC Television Network geworden. Wäre ich nicht schon seit langem hellhörig auf die Winke Gottes geworden, so wäre mir vielleicht das Zeichen gar nicht aufgefallen, und ich hätte zuerst mit Verunsicherung und Stress reagiert.

Wird unser Arbeitgeber von einer anderen Firma übernommen, so kann dies durchaus Grund zur Besorgnis sein. Es ist eine Veränderung. Eine Veränderung bedeutet aber Unsicherheit, und Unsicherheit zieht Unbehagen nach sich. Wir stellen uns viele Fragen: Behalte ich wohl meine Stelle? Wird der gewohnte Ablauf durch einen Haufen neuer Ansichten umgestürzt werden? Wird man noch mehr Treffen und Berichte von mir fordern, die mir noch mehr Arbeit abverlangen werden?

All diese Fragen überschlugen sich Anfang 1986 in meinem Kopf, als meine Firma von Capital Cities Broadcasting übernommen wurde. Und wenn es mir nach außen hin vielleicht gelang, einen relativ ruhigen Eindruck zu vermitteln, so nagte all dies doch an meinem Inneren, bis ein unverhoffter Zufall eines Tages diesem ganzen wackeligen Ideengebäude einen festen Untergrund verlieh.

Alles begann während eines der Firmengespräche an einem Freitagnachmittag. Tom Murphy, der langjährige Vorsitzende von Capital Cities Broadcasting sollte hier die Gemüter beruhigen und erläutern, wie er sich die Umstellung vorstellte und unsere Fragen dazu beantworten. Und bald schoss auch schon die Hand unseres ABC-Koordinators Peter Jennings in die Höhe, und er fragte Tom Murphy etwas herausfordernd, ob unsere Nachrichtenintegrität auch noch bei Capital Cities gewährleistet bliebe. Doch ließ sich Murphy von dem aggressiven Unterton keineswegs aus der Ruhe bringen. Er antwortete, dass unser Fernsehen auf dem öffentlichen Vertrauen basiere und es die Aufgabe von ABC sei, diesem Vertrauen gerecht zu werden. So gut mir die Frage auch schien, um so mehr beeindruckte mich die gewandte Antwort.

Auf unserer Fahrt am folgenden Wochenende in unser neues Ferienhaus ging mir diese Antwort noch einmal durch den Sinn, und ich begann, dem bevorstehenden Wechsel nach 15 Jahren ABC mit weniger Argwohn entgegenzusehen. Unsere Tochter Hilary kam uns von der Uni besuchen und schlug Sonntagmorgen vor, in die Kirche zu gehen, um unser aller Nerven etwas zur Ruhe kommen zu lassen. Die Idee gefiel mir. Doch als ich drauf und dran war, ihr einzugestehen, dass wir hier noch nie in der Kirche gewesen waren, kam mir eine Kapelle in den Sinn, an der wir auf unserer Herfahrt vorbeigekommen waren.

„Mit ihren schwarzen Fensterläden und dem strahlend weißen Turm thront sie da oben auf dem malerischen Hügel wie auf einem Bild von Grandma Moses. Warum gehen wir nicht dorthin?“

Es stellte sich als eine beglückende Erfahrung heraus, die eine lange Reihe von Besuchen in diesem Gotteshaus einleitete. Als wir nach der Messe, wie es hier üblich ist, mit den restlichen Besuchern zusammensaßen, kam das Gespräch auf den bekannten Nachrichtensprecher Lowell Thomas, der auch dieser Kirche angehört hatte. Man zeigte uns einen großen Felsen hinter der Kirche, wo er begraben lag. Dieser erste Fingerzeig ging damals noch unerkannt an mir vorüber. Der geschätzte Lowell Thomas war der Gründer meiner neuen Firma Capital Cities Broadcasting.

Am nächsten Tag flog ich in mein Büro an die Westküste, wo ich zu meiner Überraschung erfuhr, dass die Capital Cities Manager sich an diesem Tag hier eingefunden hatten, um auch der kalifornischen ABC Abteilung darzulegen, wie sie sich die Eingliederung vorgestellt hatten und um sich der Westgruppe ebenso vorzustellen, wie sie das am vorhergehenden Freitag bei meinen Kollegen an der Ostküste getan hatten.

Die Versammlung war kleiner als die der Vorwoche und endete mit einer kleinen Cocktailparty, bei der ich die erste Gelegenheit hatte, mit Tom Murphy ins Gespräch zu kommen, den das Time-Magazin wenige Tage zuvor als „den mächtigsten Mann des Rundfunkwesens“ bezeichnet hatte. Ich nahm mir ein Herz und sagte ihm, wie sehr mich seine Antwort auf Peter Jennings Frage beeindruckt hatte. Ein dunkler Schatten huschte über sein Gesicht und ich wusste sofort, dass ich da, wo ich gehofft hatte, erste Punkte bei meinem zukünftigen Chef einzuheimsen, eher ein heikles Thema angesprochen hatte.

„Wissen Sie,“ antwortete er mir etwas gereizt, „mir ging diese Geschichte das ganze Wochenende nicht aus dem Kopf. Ich hätte Peter Jennings eigentlich sagen sollen, dass Cap Cities als Dachgesellschaft mehrerer Zeitungsunternehmen über wesentlich mehr Reporter verfügt als ABC. Warum zum Teufel sollten also gerade wir die Form unserer Nachrichten ändern?“

„Da haben Sie ganz recht!“ hörte ich mich als jüngsten und loyalsten Anhänger flöten. Doch gleich darauf kam mir ein anderer Gedanke in den Sinn, mit dem ich bei meinen neuen Chef ganz besonders glänzen wollte. „Sie hätten ihm ja auch entgegenhalten können, dass Cap Cities vom großen Rundfunkredakteur Lowell Thomas gegründet worden war," sprudelte es ganz stolz aus mir heraus.

„Stimmt, wirklich schade, dass ich daran nicht gedacht habe," stimmte er mir zu.

Als das Bild des Felsens vor meinem inneren Auge erschien, beschloss ich ohne zu zögern, Tom Murphy etwas zu erzählen, was er mit großer Wahrscheinlichkeit nicht wusste. „Dieses Wochenende habe ich mit meiner Tochter eine kleine Kirche in Connecticut besucht, wo Lowell Thomas begraben liegt."

Die Art, in der er die Ohren spitzte und sich seine Augen zu kleinen Schlitzen zusammenzogen, machte mir klar, dass nun er an der Reihe war, mit neuen Informationen aufzuwarten. „Sie wissen ja nicht, was mir diese kleine Kirche am Quaker Hill bedeutet!"

Ich schluckte.

„Wenn Sie dort aus dem Portal gehen und über die Straße blicken, steht dort ein großes Weißes Haus mit schwarzen Fensterläden."

Ich nickte mit immer größer werdenden Augen.

„Nun ja, das war sein Haus. In diesem Haus bekam ich meine erste Anstellung bei Cap Cities."

Du meine Güte!

Noch Stunden später schüttelte ich den Kopf und konnte kaum fassen, welche Zufälle sich für mich quer über diesen Kontinent an diesem Wochenende zugetragen hatten. Die mathematische Wahrscheinlichkeit war einfach zu verschwindend gering: Tom Murphy am Freitag in New York sprechen zu hören, am Sonntag darauf in die kleine Kirche am Quaker Hill zu gehen und am Montag darauf in Los Angeles herauszufinden, dass das gemeinsame Fleckchen, das mich mit dem „mächtigsten Mann des Rundfunkwesens" verband, gerade diese Kapelle war.

An diesem Wendepunkt meines Lebens beschloss ich, dass es sich dabei nur um ein Zeichen handeln konnte. Ein Zeichen in Leuchtbuchstaben. Diese kleine Fügung stärkte mein Vertrauen, dass ich mich auf dem richtigen Weg befand. Suchen wir nicht alle nach diesem kleinen Lichtblick in unserem Leben? Es genügt, uns der Winke Gottes bewusst zu werden, die sich hinter so manchem Zufall des Alltags verbergen.

Zufälle an Wendepunkten erkennen

Die folgenden Fragen sollen dir helfen, dich an die Wendepunkte deines Lebens zu erinnern und ein Inventar der Ereignisse zu erstellen, die zu ihnen führten.

Sobald diese Liste steht, schreibst du die ersten Gedanken auf, die dir dazu einfallen. Nimm dir Zeit, bevor du zu schreiben beginnst und betrachte dein Leben in allen Details. Führe dir alle Ereignisse möglichst genau vor Augen und lass deine Erinnerungen schweifen. Du bist kein Kritiker. Rechtschreibung und Grammatik spielen hier absolut keine Rolle. Die Dinge, die du hier niederlegst, müssen auch keineswegs zusammenhängend sein. Schreib einfach, was dir in den Sinn kommt, wobei du dich von deinen Erinnerungen und nicht deinem Verstandesdenken lenken lässt. Du wirst überrascht sein, was da alles aus dir herausfließt!

- Welche überraschenden Ereignisse trugen sich in deinem Leben zu? Fiel dir schon einmal etwas durch ein Erbe oder andere unerwartete Umstände zu? Hast du schon einmal in einem Preisausschreiben gewonnen? Stellte sich eine finanzielle Lösung in einer besonders prekären Situation ein? Notiere all diese unerwarteten Glücksfälle und beschreibe die Lebensumstände, in denen sie dir zuteil wurden.
- Trat ein neuer Mensch in dein Leben? Bekamst du ein Kind? Veränderte ein guter Freund ganz plötzlich deine Ansicht vom Leben, indem er dich z.B. einer gewissen Spiritualität öffnete? Während du solche lebensändernde Ereignisse festhältst,

sollte st du dir auch die Frage stellen, ob es in dieser Phase nicht auch Zufälle gab, die deine Richtung bestätigten.

- Und wie steht es um deine intimen Beziehungen? Wann hast du dich verliebt? Wie hast du deine große Liebe kennen gelernt? Welche Zufälle führten zu eurem ersten Treffen oder waren sogar Teil des Treffens selbst? Was geschah, als bestimmte Beziehungen zerbrachen? Bekamst du in solchen schwierigen Situationen vielleicht unerwartete Zeichen des Trostes?
- Berührte dich der Tod eines besonders nahen Menschen – der Eltern, Großeltern oder eines guten Freundes? Hat dieser Tod dein Leben schlagartig verändert? Fällt dir ein Wink des Schicksals ein, der sich gerade zu jener Zeit einstellte? Ein Zufall, der dir in dieser schweren Zeit Trost spendete?
- Was waren die großen Umstellungen in deinem Berufsleben? Sie änderten zwangsläufig auch deinen Lebensweg. Gab es vielleicht auch hier besondere Zeichen?
- Hast du eine Art spirituelle (oder andere) Wiedergeburt erlebt? Vielleicht eine plötzliche Eingebung, deinen üblichen Alltag zu verlassen, um deinen persönlichen Traum zu verwirklichen. Oder hast du dich eines Tages entschieden, eine ungesunde Angewohnheit wie das Rauchen oder Trinken aufzugeben? Welche Winke gab es vor, während und nach solchen Entscheidungen?

Mach dir keine Sorgen, wenn du nicht all diese Fragen beantworten kannst. Wie alle anderen Gaben wird auch deine Fähigkeit, die Zeichen des Schicksals zu erkennen, mit entsprechender Übung immer besser werden. Deshalb liest du ja auch dieses Buch!

Vergiss nicht, dein Zufallstagebuch zu benutzen. Hast du dir einmal zur Gewohnheit gemacht, die Gotteswinke des Alltags zu notieren, wirst du überrascht sein, wie viele Zeichen der Vergangenheit dir wieder einfallen werden.

Je klarer dein von Gotteswinken gesäumter Lebensweg vor deinem inneren Auge erscheint – ganz wie ein Regenbogen, der sich gegen den schwarzen Himmel abhebt –, desto offensichtlicher wird auch die Nachricht der Hoffnung, die dahinter verborgen ist.

Kapitel 2

Wir sind Teil eines geordneten und geplanten Universums

Ja, müssen wir aus all diesen Umständen nicht schließen, dass eine gewisse Absicht hinter ihnen steckt?
Daniel Webster

Unser Leben ist keine Serie zufälliger Ereignisse, in der wir wie ein Zweig auf den Wassern eines weiten Stromes einem unbekannten Ziel entgegentreiben. Wir sind Teil eines größeren Plans.

Gelingt es uns unserem Bewusstsein, die Winke Gottes zugänglich zu machen, die so oft unerkannt an uns vorbeiziehen oder als zufällige Nebensächlichkeiten abgetan werden, wird uns nicht nur klar, dass sie höchst persönlich sind, sondern auch, dass unsere Existenz keineswegs ein Zufallsgebilde ist, in dem uns eine sehr aktive Rolle zukommt.

Der gefundene Seelenpartner

Sind all unsere Versuche fehlgeschlagen, verlieren wir manchmal jegliche Hoffnung. Wo wir hinsehen, tun sich Probleme auf, und wir können uns nicht vorstellen, wie sich diese Situation jemals wieder bessern sollte. Dies dachte auch Alice Marina, bis ein Gotteswink sie eines Besseren belehrte.

Alice Marina hatte aufgegeben: „Gott, wenn Du willst, dass ich mein restliches Leben alleine verbringe, so kann ich damit leben. Nur lass mein Herz bitte wieder Frieden finden." Ihr Gebet spiegelte ihre Verzweiflung wider. All ihre Beziehungen hatten in einem Fiasko geendet. Deshalb war sie zu dem Schluss gelangt, dass sie mit über dreißig nicht mehr wie Aschenputtel auf einen Traumprinzen warten sollte, der eines Tages auf einem weißen Pferd in ihr Leben geritten käme.

Zu allem Überfluss hatte man gerade entdeckt, dass sie an Multipler Sklerose litt. Sie versuchte, all ihre Trostlosigkeit und ihren Stress durch harte Arbeit für ihr Studium zu ersticken. Im Laufe der Zeit wurde ihr trotz aller Rückschläge klar, dass dem Universum eine gewisse Ordnung innewohnt. Sie hörte auf zu kämpfen und öffnete sich dadurch unbewusst dem Unerwarteten und Ungeplanten – den Winken Gottes.

„Gott, wenn Du willst, dass ich jemals heirate, dann musst du schon den Richtigen für mich aussuchen. Ich scheine dafür keine gute Hand zu haben."

Sie hatte losgelassen und gab schließlich auch dem langen Drängen ihrer Schwester nach, doch einmal zur Singles-Gruppe ihrer Kirche zu gehen. Doch nach ein paar Stunden, in denen sie ziemlich tatenlos herumgestanden und sich wieder einmal völlig fehl am Platz gefühlt hatte, kamen wieder diese altbekannten Gefühle der Verzweiflung in ihr hoch. Sie beschloss zu gehen. Doch auf ihrem Weg nach draußen kreuzte ihr Blick die Augen eines Mannes, der in der Nähe des Eingangs saß.

„Seine goldbraunen Augen fesselten mich“, erzählte sie später. „Und als er mir die Hand schüttelte, meinte ich, mir würde ein elektrischer Schlag versetzt.“ Sein Name war Jack Totah. Sie kamen in ein Gespräch, welches schwerelos von einem Thema zum anderen glitt.

Drei Stunden später entschuldigte sich Alice: „Es tut mir Leid, aber ich muss jetzt wirklich los. Ich muss mich noch auf eine Prüfung vorbereiten und ein paar Dinge erledigen, da ich am Wochenende nach Texas fahre. Mein Cousin heiratet in einem kleinen Dorf namens Victoria.“

„Das ist ja lustig“, erwiderte Jack. „Ich fahre auch dieses Wochenende nach Victoria in Texas, wo meine Cousine ihre Hochzeit mit einem Arzt feiert.“

„Wirklich? Mein Cousin *ist* Arzt!“ erwiderte die völlig überraschte Alice.

Und tatsächlich sollten die Cousins der beiden in einem sieben Stunden entfernten Ort am nächsten Wochenende heiraten. Was für ein Wink mit dem Zaunpfahl! Beide beschlossen also, zusammen nach Victoria zu fahren, und während der ganzen Fahrt fehlte es ihnen nie an Gesprächsstoff.

Die Hochzeit war herrlich, und die beiden tanzten wie im Zauber bis spät in die Nacht. Als Jack Alice an die Tür brachte, küsste er sie zum Abschied. „Bei diesem Kuss fing mein Herz zu flattern an“, erinnerte sich Alice später.

Am nächsten Morgen erzählte Alice ihrem Onkel Charlie beim Frühstückstisch, wie sehr sie den letzten Abend genossen hatte und vertraute ihm ihr neues Geheimnis an: Sie hatte den Mann ihres Lebens gefunden.

„Er ist wunderbar, und wir haben so viele gemeinsame Interessen“, flüsterte sie ganz aufgeregt. „Er heißt Jack Totah, und ich würde mich wirklich freuen, wenn du ihn kennen lernen würdest.“

„Jack Totah“, wiederholte Onkel Charlie mit fragendem Blick. „Ob er wohl mit einem gewissen Nabe Totah verwandt ist?“

„Ja“, erklärte Jack ein paar Stunden später. „Das ist mein Onkel.“

Jetzt erzählte Onkel Charlie den beiden, dass er Nabe Totah vor 50 Jahren auf dem Schiff kennen gelernt hatte, welches die beiden nach Amerika brachte. Sie waren bald Freunde geworden, hatten sich aber im Laufe der Jahre aus den Augen verloren. Noch ein Wink des Schicksals!

Der erste Fingerzeig, der die beiden zur selben Hochzeit ins ferne Victoria brachte, schien, gepaart mit dem Umstand, dass ihre beiden Onkel sich schon vor einem halben Jahrhundert gekannt hatten, eine eindeutige Antwort auf Alices Gebet zu sein: „Gott, wenn Du willst, dass ich jemals heirate, dann musst du schon den Richtigen für mich aussuchen."

Diese Zeichen machten ihr auch den nötigen Mut, Jack schließlich von ihrer Krankheit zu erzählen, obwohl ihre beste Freundin ihr geraten hatte, noch damit zu warten. Jacks Antwort auf ihre Erklärung war mehr als sie sich erhofft hatte. „Das tut mir Leid. Sag mir nur, was ich tun kann."

Eineinhalb Jahre später waren Jack und Alice verheiratet. Natürlich waren auch Onkel Charlie aus Texas und Onkel Nabe aus Kalifornien zur Trauung geladen und entdeckten ihre Freundschaft nach einem Dornröschenschlaf wieder.

„Ich habe meinen Seelenpartner gefunden, Gott sei Dank! Und das meine ich wörtlich. Gott sei Dank!" sagt Alice heute. Sie ist überzeugt, dass eine besondere Kraft unsere Leben lenkt. Mag sie auch nicht immer die Wege einschlagen, die wir geplant haben, so führt sie uns doch. Sind wir am Ende unserer Kräfte angelangt und können nicht mehr weiter, sollten wir ganz besonders nach solchen Winken Gottes Ausschau halten. Sie kommen gewiss!

Fällt es dir schwer, dich mit der Idee eines geordneten und gesteuerten Universums anzufreunden, so hilft dir vielleicht die nächste Geschichte zu erkennen, dass es einen großen Plan für unser Leben gibt und dass alle Teile dieses Plans sich am Ende zu einem wundervollen, harmonischen Ganzen verbinden.

Mehr als Freunde

Ron Barren und Roger Mansfield wuchsen 30 Kilometer voneinander entfernt in Michigan auf. Sie waren einander nie begegnet und zogen im selben Jahr aus Michigan fort: Ron nach Florida und Roger an die andere Küste der Vereinigten Staaten nach Washington. Beide kamen im selben Jahr wieder zurück nach Michigan, wo sie sich um dieselbe Stelle bewarben, die in einer Tageszeitung ausgeschrieben war. Ein Pflegeheim bot hier eine Krankenpflegerausbildung an, um als Gegenleistung neue Pfleger für das Heim zu rekrutieren.

Ron und Roger bewarben sich am selben Tag und wurden beide aufgenommen. Während der dreiwöchigen Ausbildung hatten die beiden sich um die Erhaltung des Friedhofs zu kümmern. Ron und Roger waren bald dicke Freunde geworden. Sie teilten denselben Humor und alberten ständig herum.

Eines Tages sprach der Kursleiter von der Bedeutung der frühen Kindheit für die Entwicklung des späteren Menschen. Roger meldete sich zu Wort und erzählte der Klasse, dass er als Kind ausgesetzt und zur Adoption freigegeben worden war. Ron erwiderte, dass auch er ein Findelkind gewesen sei. Schon bald zogen die beiden mit ihren ähnlichen Lebenserfahrungen die ganze Klasse in ihren Bann. Rein „zufällig" erzählte Roger am Schluss noch, dass sein Geburtsname gar nicht Mansfield, sondern Fletcher sei.

„Meiner auch", schoss es aus Ron heraus.

Ron Barren und Roger Mansfield waren Brüder, zwei von acht zur Adoption freigegebenen Säuglingen. Keiner hatte jemals nach dem anderen gesucht, da er nie von dessen Existenz geahnt hatte. Dennoch hatte ein goldener Faden des Schicksals ihre Lebenswege ähnlich verlaufen lassen und schließlich wieder zusammengeführt. Für Ron und Roger war das Universum wie für Alice und Jack wieder zur Ruhe gekommen – zu einem Punkt eines unglaublich schönen Gleichgewichts.

Kapitel 3

Das gesamte Bild ist größer als der uns bekannte Ausschnitt

Dinge wie Glück, die gibt es nicht.
Und was als bloßer Zufall uns erscheint
Entspringt des Schicksals tiefster Quelle.
Friedrich von Schiller

Dinge erscheinen uns anders, wenn wir sie aus einer anderen Perspektive betrachten. Es ist manchmal frustrierend, nur einen Ausschnitt des großen Puzzles unseres Lebens sehen zu können. Oft fragen wir uns, wie so manches eigenartig aussehende Teil jemals in das gesamte Gefüge passen soll. Stell Dir vor, Du bist ein Kind auf Schatzsuche und die Indizien, die du zu suchen hast, sind die Gotteswinke deines bisherigen Lebens, insbesondere wenn du an Kreuzungen stehst.

Verzage nicht auf dieser Schatzsuche in der eigenen Vergangenheit. Es bedarf besonderer Ausdauer, verdrängte und vergessene Ereignisse wiederzuentdecken. Natürlich weißt Du, dass positive Resultate immer eine gewisse Anstrengung erfordern. Gute Ernährung und Sport gewährleisten eine bessere Gesundheit. Gewissenhafte

Arbeit und eifriges Studium bereiten uns auf unseren späteren Beruf vor. Unsere Bemühungen, sich vergangener Zufälle zu entsinnen, werden unsere Hoffnung für die Zukunft stärken. Wir werden erkennen, dass unser ganzer Lebensweg von Zeichen gesäumt ist.

Ein Aha-Erlebnis nach 20 Jahren

Vielleicht kennst du die Geschichte von Barbra Streisand und James Brolin. Jahre bevor sie zueinander gefunden hatten, ereignete sich ein Zufall, dem damals niemand auch nur die geringste Bedeutung beigemessen hatte. Erst als sie zwei Jahrzehnte später auf dieses Ereignis zurückblickten, eröffnete sich ihnen das größere Bild ihres Lebens.

Ein paar Wochen vor ihrer Hochzeit sprachen die beiden über die verschiedenen Zufälle, die sich in ihrem Leben zugetragen hatten. Da sprach Brolin unter anderem auch davon, dass er vor Jahren nach einer Wohnung in New York gesucht hatte.

„Ich war schon seit Tagen in der Stadt herumgeirrt, und jedes Apartment sah irgendwie aus wie das vorige, bis ich eines Abends in eine Wohnung kam, bei der ich sofort das Gefühl hatte, das Richtige gefunden zu haben. Ja, das war meine Wohnung."

Später erzählte der Makler James Brolin, dass er Glück gehabt hätte, diesen Fang gemacht zu haben: „Barbra Streisand hatte das Apartment am Mittag dieses heißen Tages besichtigt und sich Bedenkzeit ausgebeten, da es keine Klimaanlage gab."

Das Paar war mehr als erstaunt gewesen, dass sich schon hier ihre Wege gekreuzt hatten, ohne dass sie davon wussten. Die Kraft dieser Fügung, die sich erst lange nach ihrem Eintreten wirklich offenbarte, versicherte den beiden kurz vor ihrer Hochzeit, dass sie sich auf dem richtigen Weg befanden. „Ja, es war ein Zeichen für uns, dass wir wirklich heiraten sollten," erzählte die Schauspielerin später.

Unser Gesichtskreis ist beschränkt. Ein Tag vergeht nach dem anderen, und wir sehen immer nur einen kleinen Ausschnitt. Doch gibt es auch eine „andere Perspektive“. Anstatt uns ständig zu fragen, was es mit diesen eigenartigen Bruchstücken wohl auf sich hat, können wir uns auch im Wissen darum zurücklehnen, dass sie alle Teil eines größeren Ganzen sind, welches von einer höheren Macht geordnet wird. Doch erst wenn wir ins große Finale gehen und eine globalere Perspektive erreichen, erscheint die ganze Komposition in ihrer Klarheit.

Kommt jemand in einem Autounfall ums Leben, der sich gerade vor uns abspielt, können wir uns fragen, warum es nicht uns erwischt hat. Doch wie viele andere unerwartete, unerwünschte oder unkontrollierbare Ereignisse unseres Lebens kann auch der Tod ein Schritt in eine bessere Welt sein. Viele solcher Schritte haben einen bittersüßen Beigeschmack, da es sich um Kreuzungen auf unserem Lebensweg handelt. Kreuzungen bedeuten Wandel und Unsicherheit. Wenn es uns auch nicht möglich ist, Selbstsicherheit durch einen Blick in die Zukunft zu gewinnen, so können wir doch nach Winken Gottes Ausschau halten, die auch die traumatischsten Veränderungen begleiten.

Andererseits gibt es auch in den verzweifeltsten Situationen immer noch einen Funken Hoffnung, dass die unbekannte Zukunft etwas mehr Sicherheit für uns birgt als die turbulente Gegenwart. Ein Beispiel dafür ist Beth Wilkensens folgende Geschichte.

Licht im Dunkeln

Beth konnte nicht mehr aufhören zu weinen. Zwei Tage zuvor schien alles wieder gut zu werden. Die Herztransplantation ihres Vaters war so gut verlaufen. Doch um sechs Uhr morgens läutete das Telefon: Ihr Vater war gestorben, und sie sollte schnell nach Hause kommen. Rasch besorgte sie sich ein Flugticket und eilte zum Flughafen von New Orleans.

In ihrer Wartehalle saß nur ein einzelner Mann in Jeans, der Zeitung las. Während sie so auf ihren Flug wartete, liefen ihr wieder die Tränen übers Gesicht. Ihr Vater war zu jung zum Sterben – erst 59!

Er war doch auf dem Weg der Besserung gewesen. Es war einfach nicht gerecht, ihn so früh aus dem Leben zu reißen. Was sollte nun aus ihr werden? Sie verlor sich in ihrer Trauer.

Plötzlich legte sich eine beruhigende Hand auf ihre Schulter. Die Stimme klang warm und eigenartig vertraut. „Sind Sie in Ordnung?“ Es war der Mann in Jeans. Es schien ganz natürlich, mit ihm zu reden. Er war freundlich und mitfühlend. Außerdem hatte sie das Gefühl, ihn zu kennen.

Auf einmal fiel es ihr ein, „Sie sind Kevin Costner!“ schoss es aus ihr heraus.

Er nickte lächelnd und erklärte ihr, dass er für Vorbereitungen für seinen neuen Film „JFK“ in New Orleans gewesen sei und nun auf sein Privatflugzeug wartete. Sie plauderten weiter, und er legte seinen Arm tröstend um ihre Schulter, bis ihr Flugzeug ankam. Die Herren, die ihn darauf aufmerksam machten, dass sein Flugzeug bereit war, winkte er fort, so dass er Beth bis zum Einchecken Gesellschaft leisten konnte.

„Ich komme in ein paar Monaten wieder nach New Orleans. Schauen sie doch bei der Produktion vorbei, wenn Sie sehen wollen, wie man einen Film macht. Als er ihr zum Abschied die Hand hielt und ihr in die Augen sah, sagte er noch: „Sagen Sie ihrer Mutter bitte, dass mir ihr Verlust Leid tut – und dass viele gute Dinge aus traurigen Ereignissen entstehen.“ Bis heute ist Beths Mutter fest davon überzeugt, dass ihr Mann hier mit den Worten Kevin Costners gesprochen hat.

Zwei Monate später versuchte Beth, zwischen ihren Abschlussprüfungen auf der Universität und ihrem Beruf in der Buchhaltung eines Krankenhauses zu jonglieren. Sie sollte wichtige Rechtsunterlagen noch am selben Tag verschicken und musste dazu quer durch die Stadt zum Hauptpostamt in der Nähe des Lafitte Historical Parks.

Als sie an diesem Park vorbeifuhr, fielen ihr mehrere Lkws auf, die ganz offenbar zu einer Filmproduktion gehörten. Da fiel ihr wieder ihre Unterhaltung mit Kevin Costner am Flughafen ein. Vielleicht wurde hier ja sein Film gedreht. Aber sie hatte Arbeit zu tun und fuhr weiter. Als sie auf dem Rückweg wieder am Lafitte Park vorbeikam, zögerte sie abermals. Es war später Nachmittag, und es hatte keinen Sinn, noch einmal ins Büro zurückzufahren. Also parkte sie und ging auf einen Wachbeamten zu, der ihr bestätigte, dass hier für den J.F.-Kennedy-Film gedreht wurde.

„Könnten Sie Kevin bitte sagen, dass die schluchzende Frau vom Flughafen da ist?"

Kevin lächelte breit, als der Wachposten mit ihm sprach, sah auf und winkte sie zu sich. Er begrüßte sie herzlich, bot ihr einen Stuhl an und sagte ihr, jemand würde gleich kommen, um sich um sie zu kümmern. Etwas später kam ein braun gebrannter Mann zu ihr.

„Das ist der bestaussehendste Typ, der mir je begegnet ist!" dachte sie.

Roger Armstrong stellte sich als Manager für Öffentlichkeitsarbeit vor. Sie flüsterten leise, während Roger Beth erklärte, wie Schauspieler und Drehpersonal ihrer Arbeit nachgingen.

An diesem Abend erklärte Beth ihrer Mutter am Telefon, dass sie soeben den Mann ihres Lebens kennen gelernt hatte. Beth kam in den nächsten Wochen noch öfters zu den Dreharbeiten, offiziell aus Interesse an der Arbeit und um Kevin Costner zu begrüßen. In Wirklichkeit lag ihr aber vor allem daran, Roger zu sehen.

Eines Nachmittags lud Kevin die beiden ein, in seiner Garderobe ein Basketballspiel im Fernsehen anzuschauen. Beth fragte Roger bei der Gelegenheit, ob er an diesem Abend nicht mit ihr essen gehen wollte. Der Abend bestätigte Beths ersten Eindruck: Sie waren Seelenpartner.

Mehrere Wochen darauf rief Roger Beth von einem anderen Drehort an und sagte ihr, wie sehr sie ihm fehle. Er überzeugte sie, nach Los Angeles zu ziehen. Acht Monate danach waren sie verheiratet. Später fragte Beth ihren Mann einmal, was er denn geworden wäre, wenn er nicht in der Öffentlichkeitsarbeit gelandet wäre. Er erklärte ihr, dass sich dieser Job im Filmgeschäft eher zufällig ergeben hatte und er viel schneller als erwartet nach oben gefallen war, so dass er mit 24 bereits Vizepräsident von Universal Pictures und dann von Tri-Star geworden war. Er hatte viel zu viel Erfolg, um hier aufhören zu können und den Beruf auszuüben, von dem er eigentlich geträumt hatte: Rechtsanwalt.

Beth schlug ihm vor, die Dinge von einer anderen Warte zu betrachten. Sie verdiente gut genug für beide. Was hätten sie schon zu verlieren, wenn er es versuchte?

Heute haben Beth und Roger ein Kind, Roger ist ein erfolgreicher Anwalt in der Unterhaltungsbranche und Beth arbeitet als Finanzdirektorin einer Privatschule. Als Kevin Costner das Paar einmal anderen Freunden vorstellte, wies er ganz stolz mit einem Augenzwinkern darauf hin, dass er die beiden zusammengebracht hatte.

Am Tag, als ihr Vater starb, hätte Beth sich nie vorstellen können, wie dieses traurige Ereignis etwas Gutes in sich bergen konnte. Doch passte das Puzzleteil des Ablebens ihres Vaters nicht nur in das Gesamtbild eines glücklichen Lebens, sondern ermöglichte Roger auch, seinen Traumberuf auszuüben.

Welche Wendepunkte in deinem Leben wurden von einem Fingerzeig des Universums begleitet? Erkennst du heute den Trost, den sie in sich bargen? Siehst du, dass auch du ein Kind dieses Universums bist, das sich um dich sorgt?

Kapitel 4

Vertraue deinen Träumen und Möglichkeiten

Ziele auf den Mond!
Das Schlimmste, was Dir passieren kann,
ist in den Sternen zu landen.
Tony Orlando

Alles ist möglich. Das stimmt aber nur, wenn man daran glaubt. In der nächsten Geschichte geht es um Entschlossenheit, Mut und Selbstvertrauen. Einem Selbstvertrauen, welches olympische Ausmaße annahm …

Mary Lou Retton erzählt: „Ich begann, von den Olympischen Spielen zu träumen, als Nadia Comaneci 1976 drei Goldmedaillen gewann. In diesem Sommer war ich gerade acht Jahre alt und ich erinnere mich noch gut, wie ich bei uns auf dem Wohnzimmerboden lag und mir die ganze Geschichte im Fernsehen ansah."

Nach diesem Ereignis nahm Mary Lou ihr Leben in die Hand. Sie wurde Mitglied in einem Turnverein und begann an ihren natürlichen Fähigkeiten zu arbeiten: Muskulatur der Oberschenkel, explosive Sprints und Furchtlosigkeit. Der Traum, einmal Erfolg zu haben wie ihr Idol

Nadia, motivierte sie genug, um stundenlanges Training, ausgerenkte Finger, verstauchte Knöchel und Handgelenke wegzustecken. Ihr erklärtes Ziel war, an den Olympischen Spielen von 1984 teilzunehmen. Mit 16 würde sie in den besten Jahren für eine Kunstturnerin sein.

Mit 14 Jahren überredete sie ihre Eltern dazu, sie nach Houston ziehen zu lassen, um von Bela Karolyi, dem legendären Trainer Nadias ausgebildet zu werden. Ihr Trainingsprogramm war härter als je zuvor. „Nein, nein, nein", donnerte Karolyi immer wieder.

Sein harter und oft erbarmungsloser Trainingsstil war einigen Kunstturnerinnen zu viel gewesen. Gepaart mit Mary Lous unerschütterlichem Ehrgeiz führte diese Methode jedoch zu Spitzenleistungen.

Trotzdem gab es da noch ein weiteres Hindernis auf ihrem Weg zum Erfolg: Zeit. Die Zeit spielte gegen sie. Sie hatte nur eine geringe Anzahl nationaler Wettbewerbe bestritten und war auch beim Olympischen Komitee der USA nahezu unbekannt, so sehr Karolyi sich dort auch für sie einsetzte. Immer wieder zeigte man ihm dort die kalte Schulter der Bürokratie. Sie war unbekannt. Warum sollten sie mit diesem Fall ihrer wertvolle Zeit verlieren? Trotzdem ließ sich Mary Lou nicht von dieser Gleichgültigkeit beirren. Der America Cup im New Yorker Madison Square Garden 1983 war ihre letzte Chance, etwas Aufmerksamkeit vor der Olympiade 1984 zu erlangen. Ohne die Zustimmung des Komitees hatte Trainer Karolyi beschlossen, sie als Ersatz mitzunehmen. Obwohl es nicht einmal sicher war, dass sie antreten würde, arbeitete er noch härter an ihr als mit ihren Teamkollegen. Sie war bereit für den Wink Gottes - und er kam.

Eine der amerikanischen Athletinnen hatte sich im letzten Moment verletzt. Dies war der Augenblick, auf den Mary Lou so lange gewartet hatte. Nun hatte sie endlich Gelegenheit dazu, dem Olympischen Komitee und den USA, ja der ganzen Welt zu zeigen, wovon sie immer schon überzeugt war. An diesem Nachmittag im Madison Square Garden lieferte sie eine perfekte Vorführung und gewann den

America Cup. Dies bescherte ihr die nötige Aufmerksamkeit, um ins amerikanische Olympiateam aufgenommen zu werden.

Nur ein paar Monate später stand Mary Lou Retton auf dem Teppich der Sommerolympiade von Los Angeles. Neun Jahre hartes Training konzentrierten sich nun auf eine Übung von wenigen Sekunden. Sie war in höchster Anspannung. Das war ihre wohl einzige Chance. Ihre explosive und fehlerlose Vorführung wurde nicht nur einmal, sondern sogar zweimal mit der Höchstnote gekürt. Mary Lous Arme schossen jubelnd nach oben, noch bevor die Noten auf dem Bildschirm erschienen. Ihr Lachen bezauberte die Welt.

Ein Reporter fasste es so in Worte: „So etwas hat es in der Geschichte des Kunstturnens noch nie gegeben. Eine amerikanische Jugendliche, die erst vor 14 Monaten im Nationalteam aufgenommen wurde, errang den Olympischen Gesamtsieg mit fünf Hundertsteln Vorsprung, indem ihre letzten beiden Vorführungen mit der perfekten zehn benotet wurden."

Man hatte sie ignoriert, hatte ihr gesagt, sie würde es nie schaffen, und ihr Trainer war einer der härtesten seiner Zeit, doch Mary Lou Retton weigerte sich, sich von diesen Autoritäten in die Knie zwingen zu lassen. Sie wusste, was sie konnte und mehr noch, sie würde ihren Traum nicht aufgeben.

Mary Lou Retton hatte als erste amerikanische Kunstturnerin eine Goldmedaille gewonnen. Dies ist die Kraft des Vertrauens und des Glaubens an seine Träume. Jetzt bist du dran!

Zehn Schritte zum Erfolg

Inspiriert von meinem großen Vorbild Norman Vincent Peale habe ich die Prinzipien, die er in seinem Buch „Die Kraft des positiven Denkens" erläutert, hier in eine Zehn-Punkte-Strategie umgewandelt, die uns helfen soll, den besten Weg im verzweigten Netz der Möglichkeiten zu erkennen. Nimmst du dir diese zehn Schritte täglich zu

Herzen, verspreche ich dir, dass du dich deinen Träumen nähern und ein besseres Leben führen wirst.

1. Stelle dir deinen Erfolg bildlich vor! Visualisiere in allen Details, wie du deinen Traum verwirklichst. Setze deine Erfolge vor dem inneren Auge in Szene: Stell dir vor, welche Kleidung du trägst, wer noch anwesend ist, wo das Ganze stattfindet, was du sagst und was du tust. Halte dieses Bild mit allen Kräften fest. Lass es nicht verblassen und führe es dir tagtäglich wieder vor Augen. Dein Geist wird ganz alleine versuchen, dieses Bild zu verwirklichen. Stelle dir also immer wieder vor, wie dir alle Dinge auf deinem Weg zum Erfolg gelingen und vergiss alle Ängste und Fehlschläge.
   Male dieses Bild in dein Zufallstagebuch. Auch wenn du alles andere als ein Künstler bist, so wird diese einfache Zeichnung deines Erfolgs auf dem Papier dir doch helfen, deinen Erfolg in die Wirklichkeit umzusetzen. Glaube daran, und er wird eintreten.

2. Vermeide alle negativen Formeln wie „Das kann ich nicht“ und „Das werde ich nicht“! Immer wenn ein negatives Bild beginnt, sich vor deinem inneren Auge abzuzeichnen, setze ihm ein positives entgegen und lass das negative verschwinden. Konzentriere dich wieder ganz auf das positive Bild, das du von dir gezeichnet hast und bekräftige: „Ich kann es. Ich werde es schaffen!“

3. Entkräfte Hindernisse und wische Probleme vom Tisch! Scheinen die Hindernisse immer größer und beängstigender zu werden, dann lass ihnen einfach die Luft ab. Angst und Sorgen sind nicht greifbarer als heiße Luft. Pfft! Und weg sind sie! Treten Probleme auf, so begegne ihnen so emotionslos wie möglich. Weigere dich, ihnen mehr Macht zuzugestehen, als ihnen gebührt. Stelle dir solche Probleme wie Tropfen auf der

Windschutzscheibe vor. Schalte den Scheibenwischer an und schau zu, wie sie verschwinden.
Wer oder was steht dir im Weg? Male ihn oder es in dein Zufallstagebuch. Also los, mach schon, selbst wenn dir das vielleicht lächerlich erscheint! Es ist schwer, Angst vor etwas Lächerlichem zu haben. Bist du fertig mit dem ersten Bild, dann zeichne es noch mal, diesmal aber „mit abgelassener Luft". Lass die heiße Luft raus und nimm dem Hindernis alle Kraft.
Von nun an führst du dir bei jedem Hindernis das Bild vor Augen, wo du dem Problem die Luft abgelassen hast.

4. Lass dich nicht von anderen einschüchtern – ahme sie nach! Versuche, von anderen zu lernen und ihren Stärken nachzueifern anstatt das Gefühl zu haben, ihre Leistungen würden deine mindern. Benutze sie als Modelle für deinen eigenen Erfolg.

5. Suche dir einen Coach! Vertraue dich jemandem an, dem du von deinen Zweifeln erzählen kannst. Dadurch treten deine Minderwertigkeitsgespenster ans Tageslicht. Du wirst dich ihnen stellen und sie vernichten können.

6. Erstelle eine Liste deiner Fähigkeiten! Vertraue dir selbst und all dem, was andere an dir schätzen. Schätze deine Talente und positiven Eigenschaften – nicht egoistisch, aber zuversichtlich. Wie sollen andere Deine Vorzüge lieben, wenn du es selbst nicht tust? Erstelle eine Liste von zehn guten Eigenschaften in deinem Zufallstagebuch, für die du gerne von deinen Mitmenschen bewundert werden würdest.

7. Nimm dich so wahr, wie du von anderen gesehen werden willst! Deine Haltung bestimmt maßgeblich, wie du von deiner Umwelt wahrgenommen wirst. Sprichst Du z.B. voller Enthusiasmus

oder kommst den anderen selbstsicher entgegen, wird man dich als dynamischen Typen einschätzen. Schleichst du hingegen um die Ecken und nuschelst in dich hinein, so wird man genau das Gegenteil von dir halten.
Vielleicht hast auch du bei der letzten Kanzlerwahl für den Kanzler gestimmt, der eher den Eindruck vermittelte, wie ein Kanzler auszusehen und das Zeug dazu zu haben. Willst du, dass andere den Vorsitzenden, Manager oder was auch immer in dir sehen, so musst du damit beginnen so zu handeln, als wärst du es bereits.
Schreibe zehn Eigenschaften in dein Zufallstagebuch, die deine Mitmenschen an dir wahrnehmen sollen.

8. *Streiche das „un-" aus unmöglich!* Versichere dir: „Ich bin möglich!" In kleinen Etappen wird jedes Ziel erreichbar, egal wie schwierig es scheinen mag. Kein Kletterer bezwingt den Berg in einem Sprung, sondern setzt einen Fuß bedächtig vor den anderen.

9. *Lass los und lass Gott wirken!* In allen Lagen deines Lebens steht dir ein mächtiger Alliierter zur Seite. Vergiss all die Ängste, die dich glauben machen, du hättest die Herausforderung deines Schicksals ganz alleine anzunehmen. Gestehe dir Verbündete zu. Lass los, und ... Gott wirken!

10. *Halte Ausschau nach den Winken Gottes!* Der Weg zu dem Ziel, welches dir als dein Schicksal vorschwebt, mag gelegentlich düster und einsam erscheinen. Doch bist du nie allein. Marschiere nur los und suche nach den Zeichen, die dir bestätigen, dass du auf dem richtigen Weg bist. Ist dies der Fall, so werden dir die verschiedenen Fingerzeige, Zufälle und erhörten Gebete bald auffallen und dir so zeigen, dass unser aller Leben von einem universellen Leitsystem gesteuert wird.

Folgst du täglich diesen 10 Schritten, wirst du schnell merken, dass du auf der richtigen Spur bist und auf dem Radarschirm einer höheren Macht aufblinkst. Die Winke Gottes werden deinen ganzen Weg säumen und ihn auf diese Weise bestätigen.

Du hast jetzt die psychologische Vorarbeit geleistet, um auf das nächste Kapitel vorbereitet zu sein, das aufzeigt, wie wir uns der Winke Gottes bedienen können, um unser Leben zu bereichern, und wie wir einen Wunsch zu einem Wink werden lassen können.

Zweiter Teil

Wie Gotteswinke unser Leben bereichern können

Kapitel 5

Wunsch und Wink

Heller Stern in glänzender Pracht,
Erster Stern, den ich erblicke heut' Nacht.
Wünschte ich dürfte, wünschte ich könnte
Der Wunsch dieser Nacht sei der mir vergönnte!
Englisches Sprichwort

Hast Du als Kind jemals daran gezweifelt, dass deine Wünsche bei Sternschnuppen eines Tages wahr würden? Als Kind war dir die klare Sicht auf all deine Möglichkeiten noch nicht durch dein Verstandesdenken versperrt. Du vertrautest der Zukunft ohne jegliche Vorbehalte.

In welchem Alter bist du zu der traurigen Überzeugung gelangt, dass Wünsche Kinderkram seien? Wer hat dir gesagt, du solltest endlich erwachsen werden und dir deine ganzen Kinderträume gestohlen?

Hier werden wir versuchen, unseren Kinderglauben an die Kraft der Wünsche wiederzuerlangen und sogar einen Schritt weiterzugehen und das Ganze auf unser Selbstvertrauen ausdehnen. Glaube, dass Wünsche in Erfüllung gehen können. Glaube, dass du der/die sein kannst, der/die du sein willst. Glaube, dass du all das an dir ändern kannst, womit du nicht zufrieden bist!

Wenn's ans Wünschen geht, müssen wir aufhören, weiter den Erwachsenen zu spielen. Es ist an der Zeit, zu diesem ursprünglichen Denken zurückzukehren, das unserer Vorstellungskraft absolute Freiheit gewährte und uns die verrücktesten, unmöglichsten und unvorstellbarsten Dinge wünschen ließ. Als Erwachsene nennen wir das heute Beten oder Visualisieren. Aber für Kinder ist es ganz einfach „wünschen".

Zwischen Wünschen und Zeichen besteht eine starke Verbindung. Erfüllt sich ein Wunsch oder wird ein Gebet erhört, so geschieht dies oft in Form von Zufällen, Gotteswinken eben.

Hier ein kleines Beispiel: Eine frühere Schauspielerin hatte als Witwe Schwierigkeiten, finanziell über die Runden zu kommen. Die Lebensversicherungszahlungen ihres verstorbenen Mannes waren versiegt, und sie bekam keine Arbeit. Ihre jugendlichen Kinder wuchsen aus ihren Kleidern, und der Kühlschrank war leer.

Eines Morgens fasste sie ihre Lage zusammen: 550 $ Miete waren überfällig. Der Strom würde in den nächsten Tagen abgestellt werden, wenn sie die ausstehenden 44 $ nicht bald bezahlte, und die Telefongesellschaft hatte einen Mahnbrief über 31 $ geschickt. Es fehlten also genau 625 $. Auf ihrem Konto lagen jedoch nicht mehr als 24 $.

Meine Freundin hatte nicht viel, doch hatte sie noch die Kraft zu beten. Bevor sie in die Stadt ging, um Dinge zu erledigen, holte sie die Bibel aus dem Regal, legte sie auf den Boden und stellte sich darauf. „Herr, du hast gesagt, man könne sich auf dein Wort verlassen und darauf be-stehen, dass du uns auch aus der schlimmsten Notlage hilfst. Hier bin ich also!"

Sie hob die Bibel auf, stellte sie wieder ins Regal zurück und begab sich in die Stadt. Auf dem Postamt machte ihr Herz einen Luftsprung. Aus ihrem Postfach flogen ihr zwei Briefe entgegen: Der eine enthielt einen 310-$-Honorarscheck für einen alten Werbespot, von dem sie gar nicht gewusst hatte, dass er noch ausgestrahlt wurde. Im anderen befand sich eine Rückzahlung über 75 $ von der Universität, an der sich ihr Sohn beworben hatte.

Voll neuer Hoffnung lief sie zur Bank, um die Schecks sofort auf ihr Konto zu legen. Hier erwartete sie schon die nächste Überraschung. Der Bank war ein Druckfehler unterlaufen. Auf ihrem Konto befanden sich nicht 24 $, sondern 240 $.

Mit den beiden Schecks war ihr neuer Kontostand sage und schreibe 625 $ – genau der Betrag, den sie benötigte, um ihre ausständigen Rechnungen zu bezahlen. Wenn das kein Wink war!

Deine Taten fördern Winke

Unser Leben ist allein uns überlassen. Wir können all unsere Fähigkeiten ausleben oder aber andere Wege wählen. Meist führen wir selbst das Steuer. Wir können unser Leben aber nicht nur durch Taten, sondern auch durch Wünsche, Visualisierungen und Gebete beeinflussen. Fügst du dieser Mischung noch deine besonderen Fähigkeiten und Talente zu, wirst du bald erste Zeichen der Ermutigung von da oben bekommen.

Die folgenden Geschichten sollen das unterstreichen. Hier geht es um Leute, die ihre Wünsche ins weite All schicken und ihren freien Willen ausüben, um einer Richtung zu folgen, die sie für ihr Schicksal halten. Um Leute, die sich selbst und ihrem Schöpfer vertrauen und die Augen offen halten, um seine Winke nicht zu übersehen.

Ein lila Wunsch

Oprah hatte sich ihr ganzes Leben nichts mehr gewünscht als das: Sollte Alice Walkers Buch „Die Farbe Lila“ jemals verfilmt werden, dann musste die Rolle Sofias ihr gehören. Seit sie dieses Buch zum ersten Mal gelesen hatte – und die weiteren Dutzend Male danach – hatte Oprah das Gefühl gehabt, dass es ein integraler Bestandteil ihrer selbst war. Als sie erfuhr, dass Steven Spielberg den Film drehte, wusste sie, dass sie alles in der Welt daransetzen musste, um darin zu spielen.

Doch war sie keineswegs eine Schauspielerin, wenngleich sie bereits ein paar Stücke im Gymnasium und an der Uni gespielt hatte. Wie sollte sie als Moderatorin einer kleinen, lokalen Fernsehsendung in Chicago jemals beim großen Steven Spielberg vorstellig werden?

Gott zwinkerte.

Quincy Jones, dessen Name Oprah zu diesem Zeitpunkt noch kein Begriff war, obwohl dieser bereits seit Jahren in der Musikwelt bekannt war, hatte die Filmrechte zur „Farbe Lila" erworben. Ja, er war eigentlich derjenige gewesen, der Spielberg von dieser Geschichte überzeugt hatte. Auf einer Reise nach Chicago hatte Quincy Oprahs Show im Fernsehen gesehen und war zur selben Überzeugung gekommen: Sie war die perfekte Sofia. Er rief die Casting-Firma an und bat sie, Oprah zum Vorsprechen kommen zu lassen.

Oprah war überwältigt – aber nicht zu überwältigt, um die Gelegenheit nicht beim Schopf zu packen. Sie sprach vor und stand einem großen Schweigen gegenüber. Die nächsten zwei Monate schienen ihr schier unerträglich. Nicht der geringste Anruf, der ihr mitteilte, ob man sie gut oder schlecht fand. Der Caster hatte nur gesagt: „Rufen Sie uns bitte nicht an, wir melden uns bei Ihnen."

Ihr fiel nichts mehr ein, um sich nun noch ihrem Ziel näher zu bringen. Vielleicht war es ihr Aussehen, dachte sie. Ja, vielleicht war sie zu dick. Wenigstens daran konnte sie arbeiten. Sie trug sich in ein Trainingsprogramm ein, in der Hoffnung, sie könnte so 15 Kilo verlieren. Sie gab ihre letzte Kraft auf der Piste und überlegte, was sie noch tun konnte.

Schließlich beschloss sie, einfach loszulassen. Sie hatte getan, was im Bereich ihrer Möglichkeiten stand. Ein altes Spiritual „I Surrender all" („Ich lasse alles sein") kam ihr in den Sinn und sie begann mitten auf der Rennbahn zu singen: „I surrender all, I surrender all."

Genau in diesem Augenblick kam ein Angestellter des Trainingszentrums zu ihr heraus, um ihr mitzuteilen, dass das Büro Steven Spielbergs aus Hollywood für sie angerufen hatte.

„Spielberg wollte mich am nächsten Tag sehen", erzählt Oprah später. „‚Wenn Sie nur ein Pfund verlieren, verlieren Sie die Rolle', wurde ich dort belehrt." Die Rolle der Sofia war die einer unbeugsamen Frau, die sich in den Kopf gesetzt hatte, einen Mann namens Harpo zu heiraten. Für Oprah war dies ein weiteres Zeichen, dass die Rolle ihr auf den Leib geschnitten war, denn las man ihren Namen rückwärts ergab er genau das: Harpo. Doch sie bekam nicht nur die Rolle der Sofia, sondern der Film kam gerade zu jener Zeit heraus, in der die *Oprah Winfrey Show* erstmals national ausgestrahlt wurde. Inzwischen ist diese Talkshow zur erfolgreichsten der amerikanischen Filmgeschichte avanciert. Es war also auch keineswegs ein Zufall, dass Oprah die Produktionsgesellschaft, die sie für die Show und andere Projekte gründete, „Harpo Productions" nannte.

Wünschst du dir etwas, so musst du auch etwas dazu beitragen. Du musst beginnen, dich in die Richtung zu bewegen, die dir mit deinem Schicksal stimmig scheint. Mach dich auf den Weg. Setze alle möglichen Hebel in Bewegung, um bereit zu sein, wenn deine Gebete und Wünsche erhört werden. Dann lass los und warte auf den Wink Gottes.

Ein lebensrettendes Gebet

Die Ärzte in der Lenox Hill Klinik versuchten fieberhaft, meinen neugeborenen Sohn zu retten, dessen Herz stehen geblieben war. Der Schleim, den er eingeatmet hatte, verstopfte seine Lungen und hinderte ihn daran, aus eigener Kraft zu atmen.

Während ich über seinem Brutkasten betete, zählte ich 18 verschiedene Schläuche, die aus seinem kleinen Körper kamen. Ein Gerät zeigte an, dass es 96 % der Atmung übernahm. Seine Überlebenschancen waren verschwindend gering. Ich blieb rund um die

Uhr bei ihm, verbrachte meine Zeit im Gebet um sein Leben und nickte wohl ab und zu ein.

Um sechs Uhr früh am zweiten Lebenstag meines Sohnes bemerkte ich, wie er zitterte und würgte. Ich rief nach einer Krankenschwester. Sie sagte mir, mein Sohn hätte einen Anfall. Während sie einen Arzt holte, sah ich, wie durch die durchsichtigen Schläuche schwarze Klumpen aus seiner Lunge kamen. Die Krämpfe halfen seinen kleinen Lungen, die Rückstände loszuwerden.

Ein paar Augenblicke später sah ich etwas anderes, was mein Herz höher schlagen ließ. Die künstliche Beatmung sank langsam aber sicher. Mein Sohn begann selbst zu atmen! Um halb neun lieferte die Maschine nur noch 45% der Beatmung, während mein Sohn bereits mehr als die Hälfte aus eigener Kraft übernahm.

Ich war Zeuge eines kleinen Wunders geworden. Ich hatte für meinen Sohn Grant gebetet, und er war gerettet worden. Sein Gehirn hatte einen leichten Schaden davongetragen, weshalb er wohl immer an einer gewissen Lernschwäche leiden würde. Doch lebt er und es geht ihm gut. Er ist heute ein netter und kluger junger Mann, der hunderte Lieder auswendig singen kann.

Dieser starke Wink Gottes war für mich die Bestätigung, dass wir fest für etwas beten und davon überzeugt sein können, dass es eintreten wird. Und es wird geschehen!

Bilder visualisieren

Bill Clinton fühlte sich schon seit seiner frühen Jugend zur Politik berufen. Er sah sich politische Versammlungen im Fernsehen an, las mit Begeisterung Geschichtsbücher und studierte den Lebenslauf großer Staatsmänner. Er träumte von einer eigenen politischen Laufbahn.

Ein erster Höhepunkt seiner Karriere war die Wahl zum Jugendsenator in einem von der Amerikanischen Ehrenlegion ausgeschriebenen Erziehungswettbewerb. Mit 50 anderen Jungen aus dem

Staate Arkansas durfte er nach Washington D.C. reisen, einige Kongressabgeordnete treffen und das Weiße Haus besuchen.

Auch wenn in der Tour im Weißen Haus keineswegs die Rede davon war, den Präsidenten in Person zu Gesicht zu bekommen, ganz zu schweigen, mit ihm fotografiert zu werden, so war dies doch der Traum des jungen Clinton. Eine der Begleitpersonen erinnerte sich Jahre später, dass er sich schon lange vor dieser Reise „fest und entschlossen" vorgenommen hatte, mit Kennedy fotografiert werden zu wollen.

Er hatte es also so eingerichtet, ganz vorne im Bus zu sitzen, um die beste Gelegenheit zu haben, den Präsidenten zu sehen, falls sich diese Möglichkeit bei ihrem Besuch irgendwie ergeben sollte. Für seinen Plan hatte er eine Stelle an einem der beiden Wege gewählt, die von Kennedys Büro in den Rosengarten führten. Leider wählte der Präsident normalerweise immer den anderen Weg. Doch an diesem Tag zwinkerte Gott mehrmals.

Am Morgen hatte J.F. Kennedy vom Besuch der Knaben aus Arkansas in der *Washington Post* gelesen und sich vorgenommen, sie persönlich zu begrüßen. Er sprach ein paar Worte und wandte sich wieder um, um in sein Büro zurückzugehen. Aus irgendeinem unerklärlichen Grund wählte er jedoch im letzten Moment die andere Richtung und ging an Bill Clinton vorbei. Das war jedoch genau der Gotteswink, auf den der Junge gewartet hatte. Er trat aus der Reihe und hielt dem Präsidenten die Hand entgegen. Ganz „zufällig" war ein Fotograf der Amerikanischen Ehrenlegion gerade dabei gewesen, ein Foto zu schießen.

Natürlich geschahen all diese Zeichen nicht in einem Vakuum. Sie kamen, da Bill Clinton von einem Traum, einer Vision bewegt war, auf die er sich so stark konzentriert hatte, dass er sie selbst hervorrief. Das Foto des jungen Bill Clinton, der dem Präsidenten da im Rosengarten des Weißen Hauses so zuversichtlich die Hand schüttelte, gefiel den Tageszeitungen von Arkansas. Es erschien auf den ersten Seiten und half, das Bild eines selbstbewussten, jungen Mannes mit einer Vision zu prägen – einer Vision, die ihn viele Jahre später selbst ins Weiße Haus brachte.

Einen Wink herbeiwünschen

Jetzt kannst du es selbst versuchen. Wünsche dir etwas. Gestatte dir einen kindlichen Sprung in die Vorstellung deiner eigenen Zukunft. Wir verfügen alle über die Kraft, Zufälle zu bewirken. Hier ein paar Fragen, die du dir durch den Kopf gehen lassen solltest:

1. Was hast du dir als Kind bei Sternschnuppen gewünscht? Hat dich jemand aus deinem Umkreis als Träumer verspottet? Es ist an der Zeit, dieses negative Band zu löschen, welches seit dieser Zeit immer wieder in deinem Inneren abgelaufen ist. Überspiele es einfach mit einem positiven Gedanken: All deine Kinderwünsche waren und sind möglich! Schreib sie in dein Zufallstagebuch.

2. Was würdest du hier und jetzt am liebsten aus deinem Leben machen? Mit anderen Worten, was wünschst du dir gerade am meisten? Was ist dein Traum? Lass dich nicht von dieser inneren Stimme beirren, die dir vorhält, realistisch zu sein. Schreib all diese Wünsche in dein Tagebuch und hole dir die Sterne in allen Details vom Himmel.

3. Nun betrachte die Liste deiner Fähigkeiten, die du im letzten Kapitel erstellt hast. Hier stecken die Hinweise auf dein ganz persönliches Schicksal. Du hast all diese Talente, Gaben und Fähigkeiten dein ganzes Leben lang gehegt und dich so im Stillen auf deine Träume vorbereitet. Schreib nun, wie du diese Fähigkeiten benutzen kannst, um deine Träume zu verwirklichen. Welche Berufe lassen z.B. dein Herz höher schlagen? Was für

Menschen passen am besten zu deinen persönlichen Stärken? Nenne drei Wege, wie deine Traumkarriere beginnen könnte und versuche die richtigen Leute dafür kennen zu lernen.

4. Welche Menschen wolltest du schon immer gern treffen? Du musst lediglich herausfinden, wann sie wo sind und genug Einfallsreichtum an den Tag legen, um ihnen aufzufallen. Oft legen wir uns dabei jedoch selbst Hindernisse in den Weg, weil wir überzeugt sind, dass sie viel zu beschäftigt sind, um mit so unbedeutenden Menschen wie uns zu reden. Doch ist meist das Gegenteil der Fall. Viele Leute fühlen sich eher geschmeichelt, wenn jemand sie unbedingt treffen will. Notiere den Namen des Menschen, den du am liebsten treffen würdest – vielleicht eine Kontaktperson, die dir auf dem Weg zu deinem Traumjob helfen kann oder jemand, dessen Lebenslauf du besonders bewunderst und von dem du ctwas lernen möchtest. Überlege dir drei Wege, um etwas Zeit mit diesem Menschen zu verbringen.

Kopiere deine Liste und hänge sie an einer Stelle auf, die du jeden Tag siehst: die Kühlschranktür oder den Spiegel im Badezimmer. Dann glaube fest daran, dass ein Gotteswink sich irgendwo auf deinem Weg zur Erfüllung deines Schicksals einstellen wird. Ein „Neonzaunpfahl" wird dir ganz unerwartet aus dem Nebel entgegenleuchten und dir bestätigen, dass du tatsächlich auf dem richtigen Weg bist.

Du kannst deine Träume dazu benutzen, um deine eigenen Zufälle zu schaffen, ganz so wie Bill Clinton in unserer Geschichte. Du kannst dich darauf verlassen: Gott wird dir winken!

Kapitel 6

Bewusste Schritte auf dem Pfad unseres Schicksals machen

Es ist uns nicht gegeben,
den Rahmen unseres Schicksals auszusuchen –
aber was wir hineinfügen, ist allein uns überlassen.
Dag Hammarskjöld

Im vorigen Kapitel ging es darum, unsere Ziele zu formulieren und uns diese konkret vor Augen zu führen. Wir haben gelernt, unsere Wünsche zu visualisieren. Nun heißt es, die ersten kleinen Schritte zu unternehmen. Ohne auch nur einen Moment Energie auf die Sorge zu verschwenden, dass irgendetwas unseren Weg versperren könnte, hören wir nicht auf, kleine Schritte zu gehen und uns bereits an diesem Ziel zu sehen.

Vielleicht fragst du dich: „Und was passiert, wenn ich vom Weg abkomme und alles schief geht?" Nun, wir kommen keinen Deut weiter, wenn wir am Straßenrand stehen bleiben, frustriert mit dem Fuß gegen einen platten Reifen treten und anderen die Schuld dafür geben – selbst wenn sie ihnen vielleicht tatsächlich zukommt. So kommen wir nie ans Ziel. Was tust du, wenn du dich auf der Autobahn verfahren hast? Du stellst dein Auto auch nicht einfach ab und wartest auf bessere Zeiten, sondern fährst weiter, auch wenn das manchmal bedeutet eine oder zwei Ausfahrten zurückzufahren, die Straßenschilder aufmerksamer anzusehen, dich zu reorientieren und von dort eine neue Strecke einzuschlagen.

Für jeden Schritt ein Wink

Meine Frau, die Schauspielerin Louise DuArt war höchst erstaunt über all die Gotteswinke, als sie auf ihre Karriere zurückblickte. Sie wollte schon als junges Mädchen im Fernsehen arbeiten. Ihr größter Wunsch war der, einmal Showmasterin zu werden. Also begann sie, die Initiative zu ergreifen. Sie wandelte auf dem Pfad ihres Schicksals und unternahm die Schritte, die die nötigen Zufälle bewirkten. Lesen wir ihre Geschichte, wird klar, dass jeder Wendepunkt ihrer Berufslaufbahn durch einen Gotteswink bestätigt wurde. Irgendein Zufall zeigte ihr, dass sie sich auf dem richtigen Weg befand.

Wink Nr. 1: Louises Karriere begann mit einer Aufführung im Los Angeles City College. Einem Agenten im Publikum war sie positiv aufgefallen, und er suchte sie nach dem Stück in den Kulissen auf. Die Produzenten Sid und Marty Krofft suchten nach einer Schauspielerin, die Billy Hayes' Rolle als Witchiepoo in der Theaterversion der Fernsehserie H. R. Pufnstuf übernehmen konnte. Ob sie Lust hätte vorzusprechen.

Als der Termin näher rückte, fürchtete Louise, zu nervös zu sein, um ihr Bestes zu geben. Deshalb nahm sie zur Sicherheit ein Tonband auf, in dem sie Billy Hayes' Rolle nachahmte. Als sie ins Büro der Krofft Brüder kam, fragte sie etwas unsicher, ob sie ihnen eine Kassette vorspielen könne. Sid Krofft war zwar etwas erstaunt, doch stimmte er zu.

„He", rief er nach ein paar Sekunden, „das ist doch Billy Hayes. Warum spielen sie das?"

„Es klingt vielleicht nach Billy Hayes", antwortete Louise, „aber das bin ich".

Sie bekam die Rolle. Ein Agent, dem sie zufällig in einem Theaterstück aufgefallen war und der zufällig nach einer Schauspielerin für eine Rolle suchte, die ihr wie auf den Leib geschnitten war, stellte also den ersten Wink Gottes am Beginn ihrer Karriere dar.

Wink Nr. 2: *Nun kam ich ins Spiel. Ich sah H.R. Pufnstuf mit meinen Töchtern im Madison Square Garden. Als Louise mit ihrem grünen Gesicht und der großen Warzennase auf die Bühne stürmte, zog sie die Aufmerksamkeit des ganzen Publikums auf sich. Wer war diese Frau?*

Zu jener Zeit war ich Vizedirektor des Kinderfernsehens von ABC und arbeitete gerade mit den Krofft Brüdern an einer Serie. Darin trat unter anderem eine Rockgruppe namens „Kaptain Kool and the Kongs" auf, und für eine der Rollen suchten wir noch nach einer Komikerin. Ich schlug die Frau vor, die in der anderen Krofft-Produktion die Wichiepoo spielte, obwohl sie offenbar keine Fernseherfahrung hatte.

Dieselbe Kraft, die mich ins Publikum gebracht hatte, um Louise als Wichiepoo zu sehen, schlug auch die Brücke, die sie zu „Kaptain Kool and The Kongs" und so ins Fernsehen brachte. Noch im selben Jahr war die Gruppe so populär geworden, dass sogar ein Foto von ihnen auf dem Titelblatt der Newsweek erschien.

Wink Nr. 3: Schließlich spielte Louise in mehreren Sendungen der Krofft-Brüder. In einer der Shows sollte eine Schauspielerin Cher imitieren, doch sie sagte im letzten Augenblick ab. Die Kroffts hatten ein großes Problem. Die Sendung sollte bald darauf ausgestrahlt werden.

„Ich kann Cher spielen", bot sich Louise an.

Das gelang ihr so gut, dass ihr diese Rolle den Weg als Weltklasse-Imitatorin ebnete. Sie ist in der Lage, aus dem Stand hunderte Persönlichkeiten von Barbra Streisand bis Woody Allen nachzuahmen. Ich fragte mich oft, ob Louises Karriere als Imitatorin ohne den Gotteswink begonnen hätte, der die Cher-Imitatorin an jenem Tag verhindert hatte.

Wink Nr. 4: Nach der Geburt ihrer beiden Söhne zog sich Louise sieben Jahre lang aus dem Show-Geschäft zurück. Dann kam ein anderer Wendepunkt. Ihr damaliger Mann verlor seine Stelle und sie entschloss sich, wieder arbeiten zu gehen. Doch eine so lange Abwesenheit in der Unterhaltungsbranche ist tödlich. Sie befürchtete also nicht ganz zu Unrecht, dass all ihre alten Bekannten sie in der Zwischenzeit vergessen hatten.

Die Freunde in der Nachbarschaft, die Louises Humor und ihre Stimmimitationen schätzen gelernt hatten, drängten sie jedoch dazu zu versuchen, eine kleine Komödie auszuarbeiten. Doch war das für Louise absolutes Neuland. Sie hatte bisher nur Theaterrollen gespielt und Stimmen in Zeichentrickfilmen, Werbe- und Fernsehsendungen übernommen. Trotzdem nahm sie die Herausforderung ihres Freundeskreises an und schuf einen Sieben-Minuten-Sketch, den sie in einem Komödientheater an einem Abend des „offenen Mikrofons" aufführte.

Sie hatte keine Ahnung, dass die Produzenten des Programms Star Search am selben Abend ein anderes Talent in diesem Klub vorstellten. Der Zufall wollte, dass ihr Auftritt gerade vor dem dieser Schauspielerin kam. Den Leuten von Star Search gefiel sie so gut, dass sie sie unter Vertrag nahmen. Innerhalb weniger Wochen war Louise in den ganzen USA im Fernsehen.

Wink Nr. 5: *Der fünfte Wink Gottes kam, als Donna Summer beim Fernsehen durch die verschiedenen Kanäle schaltete und bei Star Search hängenblieb, wo gerade Louise auftrat. Die Sängerin hatte schon seit einiger Zeit nach einem guten Komödianten für den Eröffnungsakt ihrer Tour gesucht. Und ganz plötzlich sah sich Louise von der Rolle einer Hausfrau auf die Bühne mit Donna Summer versetzt, die in den 80er Jahren wohl eine der beliebtesten amerikanischen Sängerinnen war. Die Tour dauerte zwei Jahre.*

Wink Nr. 6: *Louise reiste mit ihrem damaligen Mann Barry nach New York, um für ihren Auftritt in Good Morning America zu werben. Während ihres Aufenthalts besuchten sie die Show Catskills on Broadway. An diesem Stück nahmen drei große New Yorker Schauspiler und die impressionistische Sängerin Marilyn Michaels teil.*

Schon zu Beginn der Vorführung fühlte sich Louise eigenartig aufgeregt. Irgendetwas an dieser Show war besonders. Dieses Gefühl verließ sie während und auch nach der Aufführung nicht. Als sie danach mit ihrem Mann essen ging, vertraute sie ihm an: „Barry, das ist meine Show! Ich muss, ja ich werde bei dieser Show auftreten!“

„Ja, natürlich …“ erwiderte dieser keineswegs überzeugt.

Aber Louises Eingebung war richtig. Ein paar Augenblicke später kam der Kellner mit zwei unbestellten Getränken für die beiden. „Von wem?“ fragte sie. „Die Herren da hinten“, nickte der Kellner. Und tatsächlich saßen da die drei Schauspieler von Catskills on Broadway.

Freddie Roman, mit dem Louise vor langen Jahren einmal zusammengearbeitet hatte, schenkte ihr ein großes Lächeln. „Du wirst mir nicht glauben, Louise, ich sprach gerade über dich. Ich erzählte meinen beiden Kollegen hier, dass ich genau die richtige Person wüsste, wenn Marilyn Michaels nicht mehr weitermachen wollte. Dich. Doch hatte ich keine Ahnung, wie ich dich jemals erreichen könnte. Und zwei Minuten später sehe ich dich da sitzen. Das ist unglaublich!“

Zwei Wochen danach rief er Louise tatsächlich an und teilte ihr mit, dass Marilyn aufhörte und er sich freuen würde, wenn sie sich ihrer kleinen Truppe anschließen würde. Ein weiterer Wendepunkt ihrer Karriere.

Doch schienen diesem Ziel einige Hindernisse im Weg zu stehen. Ihr Mann war strikt dagegen, sie nach New York ziehen zu lassen. Ihre Manager sagten ihr, sie sei verrückt, da die Gehälter von Broadwayschauspielern mit denen des Fernsehens oder von Tourkomödianten keineswegs mithalten konnten. Ihre Mutter and Nachbarn baten sie, doch in Los Angeles zu bleiben. Alle schienen logische Argumente zu haben. Doch für Louise war das Zeichen unübersehbar, die Schauspieler von Catskills ganz zufällig zu einem entscheidenden Moment in einem New Yorker Restaurant getroffen zu haben. Mehr als alles andere in der Welt war Louise von der Richtigkeit dieses Gotteswinks überzeugt.

Entgegen aller guten Ratschläge nahm sie den Job an und begann ein völlig neues Kapitel ihres Lebens. Eine der Hauptrollen in einem großen Broadway Theater zu spielen stellte sich tatsächlich als die größte, positive Wende ihrer Karriere heraus.

Wink Nr. 7: Nachdem sie ein Jahr in Catskills on Broadway aufgetreten war, bescherte Louises Mann und zugleich ihr Manager, ihrem Leben einen neuen Wendepunkt. Er beantragte die Scheidung. Sie erinnert sich noch heute an das genaue Datum. Es war der 13. November, der erste Todestag ihres Vaters. Als sie später in der Lage war, das größere Bild ihres Schicksals zu erkennen, begriff sie auch, dass diese Scheidung ein versteckter Segen war. Sie führte ein glücklicheres Leben. Außerdem heuerte sie einen neuen Manager an, der sich besser um ihre Karriere kümmerte. Im Nachhinein hatte sie sogar das Gefühl, dass es keineswegs ein Zufall war, dass das Ende ihrer ersten Ehe auf denselben Tag fiel wie das Lebensende ihres Vaters. Dieses Zeichen sollte ihr klar machen, dass alles wieder gut werden würde.

Wir sehen, dass jeder Wendepunkt in Louises Leben von einem Zeichen begleitet oder eingeleitet wurde. Jeder Wink war eine kräftige Bestätigung, dass sie sich auf dem rechten Weg befand.

Mach die ersten Schritte

Hast du deinen Traum klar formuliert, ist es Zeit zu handeln. Erinnerst du dich an dein positives Erfolgsbild? Jetzt ist der Moment gekommen, es in die Wirklichkeit umzusetzen, ihm echte Farben und drei Dimensionen zu verleihen. Ganz gleich, ob du die Arbeit an diesem Ziel Karriereplanung oder Persönlichkeitsentfaltung nennst, es ist harte Arbeit.

Aber es ist dein Leben und deine Arbeit. Bist du das nicht wert? Es wird Phasen geben, in denen du das Gefühl hast, dass trotz aller Investitionen nichts geschieht. Gib nicht auf! Die Winke Gottes werden kommen und alle Vorbereitungen, die du unternommen hast, werden dir helfen, sie zu erkennen. Treten sie dann ganz zufällig ein, wird dir diese Bestätigung des Universums sehr viel neue Energie verleihen, um deinen Weg fortzusetzen. Aber zuerst einmal musst du dich auf den Weg machen!

Kapitel 7

Gotteswinke erkennen und Trost in ihnen finden

Alles,
was ich bisher gesehen habe,
lehrt mich,
dem Schöpfer bei allem zu vertrauen,
was ich noch nicht gesehen habe.
Ralph Waldo Emerson

In Tiefphasen unseres Lebens haben wir manchmal das Gefühl, nichts könne unsere wunde Seele lindern. Keine auch noch so teure Therapie, kein noch so langes Gespräch mit Freunden oder spirituelles Buch scheint wirklich auf unseren Gemütszustand einzugehen. So fühlten sich auch Allison und Judy in den beiden folgenden Geschichten. Schließlich brachte ihnen aber nichts anderes als ihre eigene Offenheit den lange ersehnten Seelenfrieden. Gott hatte ihnen zugezwinkert, und sie waren empfänglich genug gewesen, diesen Wink zu bemerken und sich ihm anzuvertrauen.

Wer ist dieser Mann?

Die 16 Jahre alte Allison blätterte gerade mit ihrem neuen Stiefvater Robert durch ein altes Fotoalbum. Eine Scheidung und neue Ehe der Eltern sind für alle Kinder schwer, und Allison arbeitete noch schwer daran, den Konflikt zwischen ihrem Verstand und ihrem Herzen zu lösen. Ihr Geist war froh für ihre Mutter, die wesentlich glücklicher in ihrer neuen Ehe zu sein schien. Auch ihrem Vater schien es seit der Scheidung besser zu gehen. Ja, sie mochte auch ihren Stiefvater recht gern.

Doch in ihrem tiefsten Inneren litt sie dennoch sehr an dem Verlust, dass ihre beiden Eltern nicht mehr zusammen leben und die glückliche Familie bilden konnten, die für immer in ihren Erinnerungen bleiben würde. All diese Fotos glücklicher Ferientage, erster Pferderitte und froher Familienausflüge waren doch ein Beweis dafür.

Allison erzählte Robert höflich alle Geschichten zu den Bildern und erklärte ihm die verschiedenen Personen. Sie hielt kurz über einem Schnappschuss und lächelte. Mit fünf hatten ihre Eltern einen herrlichen Urlaub mit ihr auf den Bahamas verbracht. Sie lachte mit Robert über ihr mit Spaghettisauce verschmiertes Kindergesicht in einem Restaurant. Doch plötzlich fiel Allison etwas auf dem Bild auf, was sie noch nie zu vor bemerkt hatte. Da saß ein Mann am Tisch dahinter. „He, der Mann da sieht aus wie Du!"

„Du hast recht", bestätigte Roger und sah sich das Bild genauer an. „Aber, ... das *bin* ich! Schau dir das Datum auf dem Foto an. Zu dieser Zeit war ich auch gerade auf den Bahamas!"

In wenigen Augenblicken war Allison die Tragweite dieses Zeichens klar. Neun Jahre bevor ihre Mutter Robert geheiratet hatte, fand sich ihre künftige Familie bereits auf einem Foto tausende Kilometer entfernt von hier vereint. Sie hatte das Gefühl, dass dieser Wink Gottes ihr zu versichern suchte, dass alles sich zum Besten wenden würde. Und plötzlich kehrte die lang ersehnte Ruhe wieder in ihr Inneres.

Zu hause ist da, wo unser Herz ist

Ein außergewöhnlicher Zufall trug sich an einem wichtigen Wendepunkt im Leben Judy Bishops zu. Sie hatte gerade einen Polterabend mit ihrer Freundin in New York verbracht, die der bevorstehenden Trauung entgegenfieberte. Als sie die Gesellschaft verließ, hegte sie etwas reumütige Gedanken bezüglich ihrer eigenen Ehe. Als sie so zu ihrem Auto schlenderte, blieb sie an einem Haus stehen, aus dessen Fenster warmes Licht floss und warf einen sehnsüchtigen Blick auf die hübsche, kleine Wohnung, wo viele Pflanzen bis fast an die hohe Decke wuchsen. „Ja, hier würde ich auch leben wollen", dachte Judy bei sich.

Bei ihrer langen Heimfahrt aufs Land kamen ihr immer wieder diese Gedanken in den Sinn, und sie nahm sich vor, ihre Ehe wieder neu zu beleben.. Am nächsten Tag schlug sie ihrem Mann vor: „Warum können wir nicht das Haus verkaufen und in die Stadt ziehen? Wir erstehen eine hübsche, kleine Wohnung und könnten zusammen arbeiten. Die Kinder sind groß, und der ewige Pendelverkehr in die Stadt bringt uns noch um."

Doch war er keineswegs derselben Meinung. „Nie im Leben! Über dieses Thema will ich nicht einmal diskutieren!" In den nächsten Wochen waren beide gereizt und lieferten sich ständige Wortgefechte. Schließlich hatten sie sich so auseinander gelebt, dass sie beschlossen, sich zu trennen. Judy entschied sich, in die Stadt zu ziehen, um nicht mehr täglich so weit zur Arbeit fahren zu müssen. Sie rief einen Wohnungsmakler an und verabredete sich noch am selben Nachmittag mit ihm.

Welch große Augen machte Judy da, als jener sie nicht nur an das Haus führte, an welchem sie nach dem Polterabend stehen geblieben war, sondern geradewegs in die Wohnung, die sie noch vor wenigen Wochen sehnsüchtig betrachtet hatte. Der Wink war zu gewaltig, um nicht auf ihn zu hören. Sie nahm die Wohnung und lebt noch heute dort.

Wie viele Wohnungen es in New York City gibt? Es hat wenig Zweck sie zu zählen, es sind enorm viele! Wir sind uns sicher einig: Judy Bishop hatte allen Grund, über den bemerkenswerten Wink an einem sensiblen Wendepunkt ihres Lebens erstaunt zu sein. Er spendete ihr Trost und Zuversicht. Eine höhere Kraft begleitete die Entscheidungen in dieser schwierigen Phase ihres Lebens.

Manchmal scheint uns das Schicksal unerbittlich. Wir fragen uns, weshalb netten Menschen manchmal so schlimme Dinge widerfahren. Das Leben ist ein unergründliches Mysterium, und vieles, was um uns geschieht, entzieht sich unserem Verständnis und unserer Kontrolle. Dennoch sind wir alleine dafür verantwortlich, wie wir auf die Vorfälle in unserem Leben reagieren. Wir haben die Wahl, nach Winken Gottes Ausschau zu halten, ihnen offen gegenüberzustehen und daran zu glauben, dass wir Teil eines kosmischen Plans sind, oder sie aber zu ignorieren und die Flinte ins Korn zu werfen.

Persönlich scheint es mir unklug, eine Quelle der Zuversicht zurückzuweisen. Ist es nicht besser, die lebensbejahende Natur der Zeichen Gottes anzuerkennen und sie unsere Leiden trösten zu lassen, indem sie uns zu verstehen geben, dass wir nicht allein sind?

Ein Wink der Nächstenliebe

Die Kennedy-Familie hat Tragödien von Ausmaßen der Dramen Shakespeares erlebt. Seit Generationen hat sie besonders harte Schicksalsschläge zu ertragen, und wir fragen uns, was es wohl mit diesem Familienschicksal auf sich haben mag. Doch können Gotteswinke selbst noch in solchen Tragödien Trost bieten.

Am 16. Juli 1999 kamen John F. Kennedy junior, seine Frau Caroline und deren Schwester Laura Bissette ums Leben, als ihr Privatflugzeug nachts zehn Kilometer westlich von Martha's Vineyard in den Atlantik stürzte. Ihre Leichen wurden erst fünf Tage später aus dem Meer gefischt und erhielten am 22. Juli die Seebestattung.

Millionen Amerikaner verfolgten die Trauerfeierlichkeiten an diesem Tag auf ihren Bildschirmen und fragten sich, warum diese drei jungen Leute so brutal aus dem Leben gerissen worden waren. Doch wurde auch diese Begebenheit von eigenartigen Zufällen begleitet. In der Woche nach dem Flugzeugabsturz tauchte ein Zeichen nach dem anderen auf und wurde von den Reportern oft mit dem Wörtchen „ironischerweise" versehen:

- Ironischerweise durchkämmte die Küstenwacht dieselben Gewässer, die sie auf den Tag genau drei Jahre zuvor nach den Opfern des TWA Fluges 800 abgesucht hatten.
- Ironischerweise war genau 30 Jahre zuvor John F. Kennedys jr. Onkel Edward Kennedy mit seinem Wagen von der Chappaquidick Brücke gestürzt, die ebenso zu Martha's Vineyard gehörte. Dabei wurde die junge Beifahrerin getötet.
- Ironischerweise starb Stanley Tretick, der Fotograf des Weißen Hauses, der das berühmte Foto geschossen hatte, wo der junge John hinter dem Schreibtisch seines Vaters im Büro des Präsidenten hervorlugte, mit 77 Jahren am dritten Tag der Suche.
- Ironischerweise wurden die Papiere des jungen John F. Kennedy an seinem eigenen Stück Land in Martha's Vineyard an Land geschwemmt.
- Ironischerweise schrieb Kennedy vor dem Abflug einen Artikel in seiner Zeitschrift George über Harrison Ford, der gerade für einen Film über einen Mann warb, dessen Flugzeug ins Meer stürzt.

So schrecklich diese Tragödie auch sein mochte, so waren diese Gotteswinke doch Zeichen des Trostes, um der restlichen Welt zu zeigen, dass all dies Teil eines größeren Plans war. Denn auch wenn das Ableben junger Menschen Fragen aufwirft, so dürfen wir nie vergessen, dass wir nur einen winzigen Ausschnitt des Puzzles sehen, in das wir jedoch alle hineinpassen.

DRITTER TEIL

Zufälle in allen Lebenslagen

Kapitel 8

Beziehungszufälle

Das Leben ist eine Blume, und die Liebe ist ihr Honig.
Victor Hugo

Beziehungen. Dein perfekter Partner wartet irgendwo da draußen auf dich, wenn er nicht schon Teil deines Lebens ist. Im kosmischen Gewebe des Lebens halten wir ein Ende des unsichtbaren Fadens der Liebe in unseren Händen, an dessen anderem Ende ein uns auserkorener Partner zieht.

Nicht immer geschehen die Winke Gottes mit dem sprichwörtlichen Zaunpfahl. Oft müssen wir unser Leben und unsere Umwelt aufmerksam analysieren. Dies jedoch ist unmöglich, wenn wir uns aus lauter Angst, zurückgewiesen oder verletzt zu werden, vor der Welt verbarrikadieren. Die meisten schenken den Umständen, unter denen andere Menschen ihren Lebensweg kreuzen, meist nur wenig Beachtung. Das solltest du langsam ändern. Sie alle bestimmen deinen Tagesablauf und sind Teil des größeren Plans. Sie können die Richtung deines Weges manchmal sehr radikal beeinflussen. Bist du aufmerksam, wirst du die Gotteswinke an diesen Wendepunkten sofort erkennen. In einem dieser Augenblicke triffst du auch deinen Seelenpartner.

„Wie habt ihr euch denn kennen gelernt?“ lautet die Frage, die Menschen sich wohl schon seit Urzeiten stellen. Und die meisten Paare haben hierzu auch ein, zwei interessante Geschichten zu erzählen. Kannst du dich beim besten Willen an keine Zeichen, keine Zufälle erinnern, dann war es vielleicht auch nicht der richtige Partner. Eines aber ist klar: All diejenigen, die den perfekten Lebenspartner gefunden haben, erzählen von klaren und kraftvollen Zeichen, die diese Beziehung bestätigten. Während du die folgenden Geschichten liest, solltest du auch deine eigenen Beziehungen etwas hinterfragen. Vielleicht erinnerst du dich plötzlich an wichtige Zeichen, die du bisher übersehen hattest.

Spirituelles Erwachen

1988 wurde Shira Monast 31 Jahre alt und dachte, es wäre an der Zeit, ihren *Bashert*, ihren „Auserwählten“ zu finden. Das hebräische *Bashert* entspricht in etwa der Vorstellung eines Seelengefährten. Vielleicht suchte sie auf ihrer Reise nach Israel eine gewisse spirituelle Führung. Sie war sich da nicht so sicher.

Auf alle Fälle besuchte Shira im Juli die antike Stadt Svad. Als sie dort an einem kleinen Geschäft vorbeikam, sagte der Verkäufer nach einem eindringlichen Blick: „Ich habe da etwas für sie.“ Als er aus seinem Lager zurückkam, drückte er ihr einen Kupferstich in die Hand, auf dem ein bartloser Mann mit hohem Haaransatz eine Frau und ein Kind umarmte. Um den Kopf hatte der Künstler Lichtstrahlen gezeichnet, als ob ein Heiligenschein um seinen Kopf schwebte. Es war den anderen in seinem Laden nicht unähnlich, und Shira wollte zuerst dankend ablehnen. Doch bestand der Geschäftsinhaber darauf und wollte sich auch nicht für das Bild bezahlen lassen. „Das ist für sie“, wiederholte er nur mit einem geheimnsivollen Lächeln.

Nach ihrer Heimkehr führte Shiras Suche nach einem geeigneten Ort – und nach ihrem *Bashert* – sie nach New York. Sie zog vorübergehend auf die Lower East Side. Im November bekam sie eine Postkarte, die sie zu einer *Havurah*-Versammlung am 3. Dezember einlud. Sie war überrascht, dass ihre Adresse offenbar schon nach so kurzer Zeit auf einer Postversandliste gelandet war, um sie zu einer dieser Zusammenkünfte einzuladen, in denen die Gemeinde versuchte, anderen Juden die Thora näher zu bringen.

Jeffrey Reiss hätte eigentlich zufrieden sein müssen: Man beneidete ihn um seinen Erfolg, und er war reich. Doch hatte er das Gefühl, durch eine spirituelle Wüste zu wandern. Bevor ein Rabbi im Dezember 1987 sein Glaubensgerüst gehörig erschütterte, hatte er sich als Atheist angesehen. Danach war er lediglich verwirrt. Daraus folgte jedoch, dass er sich 1988 verstärkt dem Studium des Judentums hingab, während sein Leben und die Beziehung zu einer Frau aus einer anderen Glaubensgemeinde ziellos umherdriftete. Eigenartige Verlangen leiteten ihn. So half er u.a. auch einem Künstler, der bedrückende Bilder der Judenverfolgung malte. Immer mehr solcher Künstler fanden sich in seinem Umfeld ein, denen er immer mehr Zeit und Geld zur Verfügung stellte.

Im Sommer 1988 hielt der Rabbi, der für Jeffreys spirituelle Entdeckungsreise verantwortlich war, eine *Havurah* in Philadelphia. Für jenen war diese Versammlung wie eine Brise frischer Luft. „Bis heute hatte ich nie das Gefühl gehabt, der jüdischen Gemeinschaft anzugehören“, erzählte Jeffrey dem Rabbi danach. „Schade, dass es so etwas nicht in New York gibt.“

„Warum veranstaltest Du dort nicht selbst eine *Havurah*?“ schlug der Rabbi vor.

Jeffrey schaute ihn überrascht an: „Nein, dazu wäre ich nie in der Lage. Ich habe keine Ahnung vom Judentum.“ Doch ging der Vorschlag Jeffrey nicht mehr aus dem Kopf. „Die Idee ist einfach lächerlich“, sagte er sich. „Da bedürfte es schon eines Wunders. Aber wenn es möglich wäre, könnte ich wenigstens an einen Schöpfer solcher Wunder glauben.“

In den nächsten Monaten machte Jeffrey sich Mut und entschloss sich tatsächlich, einen Versuch in New York zu wagen. Er schickte

Postkarten an ein paar Adressen , die er hier und da aufgegabelt hatte, und legte ein Datum fest: den 3. Dezember 1988.

Am Abend erzählte Jeffrey seiner Freundin, dass ihm in letzter Zeit immer wieder derselbe unbekannte Ort ins Bewusstsein gerufen wurde: in Gesprächen, in Liedern, im Radio, in der Zeitung oder auf einem Aushängeschild. Irgendetwas in seinem Inneren fühlte sich zu diesem Ort hingezogen.

„Zu welchem Ort?"

„New Mexico."

„New Mexico?"

„Ja, Albuquerque, New Mexico."

Sie blickten einander an und hielten die Idee für absurd.

Am Tag der *Havurah* machte Jeffrey sich Gedanken, dass er doch etwas mehr Werbung hätte machen sollen. Vielleicht würde gar niemand kommen. Doch war schon um zehn Uhr morgens die Besucherzahl die geringste seiner Sorgen. Seine Wohnung platzte mit über sechzig Gästen aus allen Nähten.

Dieser Tag war ein Wendepunkt in Jeffrey Reiss' Leben. Erst später wurde ihm klar, dass sein Glaubenswandel genau ein Jahr zuvor stattgefunden hatte, als er den Rabbi sprechen hörte. Die Erfahrungen jenes Tages voller Gebete und tiefer Seelensuche ließen ihm die Tränen in die Augen steigen, als er der Gruppe die Geschichte seines Lebenswandels erzählte. Unter den Zuhörern befand sich auch Shira Monast. Als sie Jeffrey betrachtete, kam ihr ein ganz bestimmtes Bild in den Sinn:

„Das ist er", flüsterte sie ihrer Freundin zu.

„Wer?", kam es ebenso leise zurück.

„Das ist der Mann auf meinem Kupferstich! Er sieht genauso aus, wie der Mann mit dem Heiligenschein und der Frau mit dem Kind in den Armen. Schau, er hat sogar denselben Haaransatz."

Jeffrey erzählte weiter und sprach – zufällig – auch von einer Vision, in der er das Gefühl gehabt hatte, von strahlendem Licht durchflutet zu werden …

Am späten Nachmittag verabschiedeten sich die Gäste und dankten Jeffrey für den gelungenen Tag und die wunderbare, spirituelle Erfahrung, die sie gemacht hatten. Die *Havurah* war ein großer Erfolg gewesen. Unter den letzten Teilnehmern befand sich Shira. Sie machte ein paar Komplimente zur Wohnung und fragte, ob er nicht zufällig von einer freien Mietwohnung gehört hätte.

„Ich möchte nach New York ziehen", erklärte sie.

„Von wo denn?"

„Aus Albuquerque, New Mexico."

Jeffrey war völlig verdutzt. Dann machte sein Geist einen Sprung, als er ihr in die Augen sah.

„Da wollte ich schon immer einmal hin."

„Wirklich? Ich fahre in zwei Wochen", lächelte Shira und lief rot an, während sich ein großes Glücksgefühl in ihr breit machte, als sie spürte, dass die eine Reise gerade endete, als die andere anfing.

„Ich werde mit dir fahren", fragte er.

„Nein, das geht nicht. Ich gehe auf eine Kanutour."

„Ich liebe Kanu fahren", log er.

Am Abend ließ Jeffrey sich noch einmal den Ablauf dieses Tages durch den Kopf gehen. Er hatte seine kühnsten Hoffnungen bei weitem übertroffen. Er hatte einen Wink Gottes erhalten, der seinen Glauben an Wunder bestätigte. Nicht nur war seine noch vor Tagen für unmöglich gehaltene *Havurah* gelungen, sondern – davon war er überzeugt – auch seine *Bashert* war zugegen gewesen.

Shira ging es da nicht anders. Noch am selben Abend sagte sie ihrer Mutter am Telefon, sie hätte gerade ihren *Bashert*, den Mann ihres Lebens getroffen.

Am nächsten Tag lud Jeffrey Shira zum Abendessen ein, und sie sprachen stundenlang über die Rolle, die die Spiritualität in ihrem Leben spielte. Beide hatten jahrelang nach dem Sinn des Lebens gesucht. Auf der Heimfahrt vom Restaurant sagte Jeffrey so beiläufig wie möglich: „Weißt du, dass wir *Bashert* sind?"

„Ja, ich weiß", antwortete Shira in ruhiger Zuversicht.

Als sie etwas später in seiner Wohnung an seinem Esstisch standen, ließ Jeffrey seiner Fantasie freien Lauf:

„Kannst du dir vorstellen, dass wir einmal mit unseren Kindern an diesem Tisch sitzen werden?"

„Ja, das kann ich", erwiderte Shira, als ihr wieder der Kupferstich in den Sinn kam, den ihr der israelische Künstler unter so eigenartigen Umständen geschenkt hatte.

Zwei Wochen danach flog Jeffrey nach Albuquerque zu Shira. Acht Monate später waren sie Mann und Frau. Heute haben sie zwei Kinder. Die Kraft bestätigender Zufälle führte Jeffrey und Shira Reiss auf einem unfehlbaren Pfad zueinander. Und auch nach zwölf Jahren Ehe fühlen beide noch dieselbe Seelenverbindung.

Shira und Jeffrey zogen beide kräftig an der unsichtbaren Schnur der Liebe. Dies schuf nicht nur einen fruchtbaren Boden für ihre gegenseitige Anziehungskraft, sondern auch für die Gotteswinke, die ihr Aufeinandertreffen ermöglichten: einen exotischen Kupferstich eines Mannes, der Jeffrey aufs Haar ähnelte; eine ziemlich zufällige Einladung zu einer Zusammenkunft, die ebenso zufällig am Jahrestag von Jeffreys spirituellem Erwachen stattfand und schließlich die seltsamen Gedanken an das ferne Albuquerque.

Speisen für die Seele

Die Hauptdarsteller dieser Geschichte heißen Maria Zimmitti und Paul Cohn. Maria war Psychologiestudentin in Kalifornien und das einzige Mitglied einer musikalisch talentierten Familie, das nicht im Showgeschäft zu arbeiten gedachte. Nach einer Beziehung, deren mehrmalige Wiederbelebungsversuche schließlich gescheitert waren, beschloss sie schließlich eine Beziehungspause einzulegen.

Paul hatte zwei gescheiterte Ehen hinter sich und war 28 Jahre älter als Maria. Seit seiner letzten Ehe schien er mehr mit seinem Beruf verheiratet zu sein und verbrachte einen Großteil seiner Zeit, rund um Washington DC unterwegs zu sein, um ein gutes Dutzend erfolgreicher Restaurants zu leiten.

Welche Kräfte der Natur konnten zwei derart unterschiedliche Menschen zum perfekten Paar zusammenbringen? Marias Mutter Jonnie, ein starker Freigeist, war gerade nach Washington D C gezogen und lud ihre Tochter zu sich ein.

„Wer weiß, vielleicht lernst du hier ja jemand Netten kennen."

„Mama, ich glaube, das Kapitel Männer habe ich hinter mir. Nein, danke!"

Aber in diesem Frühling 1993 nach einem harten Studienwinter klang das Angebot eines Flugtickets allzu verlockend. Ihre Mutter holte sie mit einem Freund namens Keith vom Flughafen ab und sie fuhren direkt in ihr Lieblingsrestaurant Paolos. Dort angekommen schlug Jonnie jedoch vor:

„Es ist so ein schöner Frühlingstag heute. Wollt ihr nicht lieber unten am Hafen essen? Ich kenne da ein wunderbares, kleines Restaurant, wo man draußen am Wasser sitzen kann."

Also gingen sie die fünf Häuserblocks zum Hafen hinunter. Als sie Platz nahmen und Getränke bestellen wollten, wurde Keith unruhig. Er fühlte sich nicht wohl hier, und auch sein Lieblingsbier gab es nicht. Er bestand darauf, wieder zurück zu Paolos zu gehen. Sie hätten ohnehin den Wagen da oben gelassen. Schließlich gaben Maria und Jonnie ihm etwas widerwillig nach und machten sich erneut auf den Weg. Als sie endlich gegen 15 Uhr 30 bei Tisch saßen, war kaum etwas los im Restaurant.

Der Inhaber Paul Cohn hatte seine beiden Stammkunden ausgemacht und kam an den Tisch, wo er Maria vorgestellt wurde. Keith bemerkte, dass sie ja beide eine gewisse musikalische Vergangenheit hatten.

„Was haben Sie gemacht?", erkundigte sich Maria.

„In den Siebzigern war ich der Manager von Peaches & Herb", erwiderte Paul.

„Wirklich?", fragte Maria plötzlich ganz aufgeregt. „Mein Vater war Schlagzeuger in der Gruppe."

„Bob Zimmitti? Ja, den kenne ich. Wir haben uns zwar nie getroffen, aber er ist der beste Schlagzeuger von Los Angeles. Er hat auch mit Streisand, Bee Gees und anderen Großen gearbeitet."

Noch bevor Paul sich wieder vom Tisch entfernte, brachte Keith' Unverfrorenheit die beiden Frauen abermals dazu, sich aus den Augenwinkeln zu anzuschauen. Denn er bat Paul, die beiden für Samstag um 22 Uhr 30 in die Liste seines Nachtklubs Zei einzutragen. Paul versicherte, dass er das gerne erledigen würde, wenn er leider auch selbst nicht zugegen sein könne. Zu dieser späten Stunde kam er nur selten in den Zei Klub.

Am Samstagabend wurde er jedoch in ein Restaurant ganz in der Nähe gerufen und entschied, danach noch auf einen Sprung im Zei vorbeizuschauen. Zufällig stand er gerade an der Tür als Keith, Jonnie und Maria ankamen. Als Pauls und Marias Augen sich trafen, schien der Rest der Welt um sie zu vergehen. Sie begannen ein Gespräch, das erst in den frühen Morgenstunden wieder endete. Maria faszinierte ihn, und ihre Kenntnisse im Bereich der Kinderpsychologie boten ihm interessante Aufschlüsse bezüglich seiner eigenen Kinder. Er schilderte ihr seinerseits, wie er vom Musikmanager in den Restaurantbetrieb gewechselt war, und beide erzählten sich, wie ihre früheren Beziehungen kläglich gescheitert waren.

Diese rege Kommunikation riss weder die nächsten Tage noch die nächsten Monate ab. Jeden Morgen rief Paul sie an, um dieses lange Gespräch fortzuführen. Maria und Paul zweifelten schon lange nicht mehr daran, dass eine außerordentliche Energie ihre Herzen seit dem ersten Tag aneinander band und ihnen klar zu machen suchte, dass sie etwas gefunden hatten, das wertvoller und seltener als alles Gold der Erde war: ihren Seelenpartner. Sie überstanden noch drei Jahre durch zahlreiche Besuche, bis auch Maria schließlich nach Washington zog und sie ihre Hochzeit feierten. Der Umstand, dass über Marias Vater seit langen Jahren ein unsichtbares Bindeglied zwischen ihnen bestanden hatte, überzeugte sie, dass sie auf demselben Pfad wandelten.

Je bewusster wir uns der Winke Gottes werden, desto klarer wird uns auch, wie die kleinsten Nebensächlichkeiten unser Leben lenken können und zu Werkzeugen der kosmischen Kräfte werden, die uns zu unserem Seelenpartner führen.

Schatzsuche

Die Suche nach dem perfekten Partner ist wie die eines Schatzes. Schätze sind jedoch nicht einfach zu finden. Während ich diese Zeilen schreibe, sitze ich in einem Flugzeug neben einer Frau, die morgen ihren ersten Hochzeitstag feiert. Gerade vertraute sie mir an:

„Es ist so wunderbar, sich *wirklich* zu verlieben und dieses Gefühl auch noch nach Jahren in einer Ehe beibehalten zu können, immer noch dieselbe Sehnsucht nach einander zu haben und immer noch aufgeregt zu sein, einander wiederzusehen." Und leise fügte sie hinzu: „Ich habe zwanzig Jahre lang nach ihm gesucht und enorm viel Geduld dazu aufgebracht, doch habe ich ihn schließlich gefunden."

Schritte auf der Suche nach unserem Seelenpartner

Auch für Dich gibt es *den* perfekten Partner. Wenn wir die scheinbar selbstverständliche Perfektion der Natur, die Symmetrie einer Blume oder den grazilen Flug einer Taube betrachten, wie können wir da noch daran zweifeln, dass auch wir Bestandteil dieses harmonischen Gleichgewichts der Schöpfung sind.

Hier sind fünf Stufen, um den Zeichen, die zu unserem Seelenpartner führen können, mit offenen Augen und offenem Herzen gegenüberzustehen.

1. Habe eine positive Einstellung. Schau dich um. Vermittelt ein glückliches Paar nicht den Eindruck, perfekt zusammenzupassen? Das betrifft nicht nur das Aussehen, sondern auch ihr Temperament. Die Natur liebt Symmetrie. Auch für dich gibt es einen perfekten Seelenpartner.
2. Beginne, dich selbst zu lieben. Bevor du dich in jemanden verlieben oder erwarten kannst, von jemandem geliebt zu werden, musst du dich zuerst selbst schätzen. Du hast bereits eine Liste deiner positiven Eigenschaften erstellt. Konzentriere dich auf sie und ignoriere alles, was dir an dir selbst missfällt. Wähle Aktivitäten, die deinen Fähigkeiten entsprechen. Vermittle deinen Mitmenschen ein positives Bild von dir selbst und erkenne hier und jetzt, dass auch du der perfekte Seelenpartner eines anderen Menschen da draußen bist. Notiere fünf Aktivitäten, in denen deine stärksten und liebenswertesten Seiten zum Ausdruck kommen, in denen du dich wohl fühlst und deine Umwelt das spüren kann.
3. Sei zuversichtlich. Es hat keinen Sinn, dir immer wieder einzureden, dass du deinen Seelenpartner niemals finden wirst. Du musst handeln, aber in maßvollen, zuversichtlichen Schritten und nicht in einer wilden, besessenen Jagd. Glaube mit deinem ganzen Herzen daran, dass Zeichen deinen Weg geleiten werden. Aber sei dir auch darüber im Klaren, dass sie vielleicht nicht deinem Zeitplan entsprechen.
4. Begib dich auf deinen richtigen Lebensweg. Schlage die Richtung ein, die du für dein Schicksal hältst. Du kommst sicher nicht weiter, wenn du verzagt am Straßenrand sitzt und darauf wartest, dass irgendwer stehen bleibt. Es wird dich auch nicht weiterbringen, dich hinter deinen Ängsten oder mangelndem Selbstvertrauen zu verstecken. Du musst dich durchsetzen. Beginnst du, dich zu behaupten, kommen die Zeichen von ganz alleine. Shira Monast unternahm sogar zwei große Reisen auf der Suche nach ihrem *Bashert*. In Israel schenkte man ihr einen

Kupferstich mit der Darstellung eines Mannes, der ihrem späteren stark ähnelte. Während sie kaum in New York angekommen war, bekam sie schon eine Einladung zu einer von ihrem späteren Mann organisierten Glaubensversammlung. Welche drei Schritte kannst du unternehmen, um deinem Seelenpartner näher zu kommen?

5. Halte deine Augen nach den Winken deines Seelenpartners offen. Erkenne die Zeichen Gottes auf deinem Weg als Bestätigungen. Sie sollen deine Zuversicht stärken und dir Auftrieb geben, damit deine besten Seiten strahlen. Auch wenn du deinen *Bashert*, deinen perfekten Partner, noch nicht gefunden hast, so bist du doch nie allein.

Vergiss nicht, dass alle Menschen sich vom Licht angezogen fühlen. Hast du deine Stärken erkannt und gelernt, sie zu deinem Vorteil einzusetzen, so wirst du überrascht sein, wie viele Menschen plötzlich auf dich aufmerksam werden und dir Zeichen der Ermutigung zukommen lassen.

Kapitel 9

Familienzufälle

Geteiltes Leid ist halbes Leid,
geteilte Freude ist doppelte Freude.
Indianisches Sprichwort

Enge Familienmitglieder, insbesondere Zwillinge erleben scheinbar telepathische Fügungen recht häufig. Die folgenden Geschichten sollen aufzeigen, wie die Winke Gottes Zeichen an besonderen Schnittpunkten des Familienlebens setzen können. Erwecken sie etwas Vertrautes in dir und kannst du dich vielleicht an ähnliche Situationen erinnern?

Wenn Gott zweimal zwinkert

Die Zwillingsschwestern Susie und Sandy brachten ihre Kinder am selben Tag zur Welt. Doch schien dieses Ereignis den beiden Schwestern lediglich ein weiteres Glied in der langen Kette von Zufällen, die ihr Leben ausgemacht hatte. Auch als sie hunderte Kilometer voneinander entfernt gewohnt hatten, kam es vor, dass sie ihren Eltern dieselben Weihnachtskarten schickten. Beide heirateten Ingenieure.

Sechs Jahre nachdem Sandy an einem 7. November geheiratet hatte, ergab es sich, dass der einzig freie Termin für Susies Hochzeit ebenso auf einen 7. November fiel. Nach dieser Hochzeit zog Susie ins Haus ihres Mannes, das nur wenige Minuten von dem ihrer Schwester entfernt war. Beide Ehemänner arbeiteten in derselben Firma. Als Sandy ihre Schwester anrief, um ihr mitzuteilen, dass sie schwanger war, da erklärte Susie ihr, dass sie dasselbe von sich annahm. Der voraussichtliche Geburtstermin wurde bei beiden auf den 18. Juni festgelegt.

Am 24. Juni brachte Susie – sechs Tage „überfällig“ – ihr Baby zur Welt. Kaum kam sie aus dem Kreißsaal, da wurde ihre Schwester Sandy in dasselbe Krankenhaus gebracht, wo derselbe Arzt sie 14 Stunden nach Susi entband.

Die Universität von Louisville untersuchte 900 Familien mit Zwillingen, fand jedoch keinen weiteren Hinweis auf Zwillingsschwestern, die ihre Kinder am selben Tag bekommen hatten.

Susi und Sandy sehen diese Zufälle als Zeichen Gottes, dass sich ihr Leben in die richtige Richtung bewegt und sie nie allein sind.

Wiedervereinigte Überlebende des Holocaust

Zwei der Brüder Hollander hatten lange geglaubt, die beiden einzigen Überlebenden ihrer Familie zu sein. Alex und Ernest hatten ihren Bruder Zoltan das letzte Mal gesehen, als die Nazis die ganze Familie festgenommen und nach Auschwitz deportiert hatten. 50 Jahre lang hatten die beiden geglaubt, ihr Bruder sei dort getötet worden.

Doch als Ernest eines Tages im Fernsehen von seinen Erfahrungen im KZ erzählte, sah ein Mann diese Sendung, der fand, dass dieser Ernest dem Mieter seines Vaters im fernen Jugoslawien enorm ähnlich sah. Er rief bei der Fernsehstation an, die der Sache nachging. Als die Intuition des Mannes sich bewahrheitete, wurde Zoltan zu einer tränenreichen Wiedervereinigung in die Staaten geflogen.

Fünf Jahrzehnte waren die drei Brüder voneinander getrennt, doch ein Fremder, den ein Gesicht am Bildschirm an einen früheren Nachbarn erinnerte, lieferte den Wink Gottes, der sie wieder zusammenführte.

Blutbande

Es tut immer gut, sich seine eigenen Familienzufälle wieder vor Augen zu führen. Sie geben uns Mut für die Zukunft und unterstreichen die Kraft der Verwandtschaft. Hier ein paar Fragen, die dir helfen sollen, dein Gedächtnis etwas aufzufrischen. Schreibe alle auch noch so klein erscheinenden Zufälle in dein Zufallstagebuch.

1. Erinnere dich an ein Familienfest, eine Hochzeit, eine Taufe, einen Urlaub oder eine andere Zusammenkunft. Welche Familienmitglieder waren anwesend? Stell dir jeden Einzelnen in allen Details vor und frage dich: Ist irgendetwas Besonderes mit ihm oder ihr geschehen? Damals oder zu einem anderen Zeitpunkt?
2. Wer hat dich überrascht? Zu welchem Anlass? Wann platzte ein Bruder, eine Schwester, ein Onkel oder eine Tante ganz zufällig in dein Leben? Was geschah damals genau? Bekamst du etwas Unerwartetes?
3. Erinnere dich an die Situationen, in denen du mit anderen Familienmitgliedern geweint hast. Wer hatte euch verlassen, war gestorben oder hatte euch zu Tränen gerührt? Gab es hier einen Wink?
4. Wann trat ein Haustier in dein Leben oder verließ plötzlich die Familie? Hat ein Wink Gottes dieses Ereignis begleitet?

5. Denke an einen Tag zurück, an dem dir etwas gelang, worauf du besonders stolz warst. Erinnerst du dich an jemanden, der dir zulächelte oder dich unterstützte? War hier ein Zufall mit im Spiel?

Wenn du selbst die geringsten Zufälle notierst, beginnst du im Kessel der Erinnerungen zu rühren, und die Winke Gottes kommen an die Oberfläche. Versuche auch bei den folgenden Geschichten, die Beziehung zu deinem eigenen Leben herzustellen. Suche ständig nach den Bestätigungen einer universellen Kraft, die dir dein ganzes Leben lang zugezwinkert hat.

Kapitel 10

Lebensrettende Zufälle

Im Chinesischen besteht das Wort „Krise“ aus zwei Zeichen. Das eine steht für „Gefahr“, das andere für „Chance“.
John F. Kennedy

Du stehst am Fuße einer hohen Felswand und blickst steil nach oben. Dann stellst du dir vor, ohne jegliche Sicherung hinaufzuklettern. Deine Finger und Zehen klammern sich an die kleinsten Vorsprünge, an den geringsten Halt, während du Zentimeter für Zentimeter bergauf kletterst. Dein Leben hängt von deiner Geschicklichkeit, deiner Kraft und Konzentration ab.

Seth Greenblatt setzt sich solchen Härtetests freiwillig in der Wildnis der Natur aus. In diesen Augenblicken fühlt er sich Gott am nächsten. „Ich habe solche Extremsituationen immer bewusst aufgesucht, wenn ich mich mit Gott auseinander setzen musste. Wenn es ihn wirklich gab, so würde er mir auch helfen, meine Ängste zu überwinden und gut an den Gipfel zu gelangen.“ Nichts macht uns den Wert des Lebens klarer, als wenn es an einem seidenen Faden hängt.

Du musst Seths Drang, Gottes Willen auf die Probe zu stellen keineswegs teilen, um einen Wink von ihm zu bekommen. Aber ich bin mir sicher, dass du schon einmal Angst um dein Leben hattest, als du vielleicht ein Auto übersehen hast oder einer anderen großen Gefahr ausgesetzt warst. Nach solch besonders eindringlichen Momenten wissen wir das Leben um so mehr zu schätzen.

Versuche, dich während der folgenden Geschichten ähnlicher Extremsituationen in deinem Leben zu entsinnen, in denen ein Zeichen Gottes dich vor einem frühzeitigen Tod bewahrt hat.

Ein himmlischer freier Abend

Durch jahrelanges Training im Ringerverband Arizonas und das Extrembergsteigen in seiner Freizeit war Seth Greenblatt in Topform. Seine Ringwettkämpfe hatten sehr vielversprechend begonnen, und auch das Studium hinkte keineswegs nach. Eigentlich führte er ein glückliches Leben, doch lies er alles stehen und liegen, um dem Erfolg seines Bruders Shon im Filmgeschäft nachzueifern. Shons Leben in Los Angeles und all seine Anekdoten über die Dreharbeiten an „Nightmare – Mörderische Träume“ klangen einfach zu verlockend.

„Warum nicht eine kleine Pause einlegen“, sagte er sich – und den anderen, die seinen Schritt nur schwer nachvollziehen konnten – „und ein bisschen in der harten Schule des Filmgeschäfts in die Lehre gehen“. Er könnte sich eine Wohnung mit seinem Bruder teilen. Sie würden eine Menge Spaß haben. Und tatsächlich bezogen die beiden Brüder wenige Wochen später ein Apartment in Hollywood. Doch sahen sie sich in der ersten Zeit nur selten, da Shon all seine Nächte bei den Dreharbeiten verbrachte.

Eines Abends hatte Seth das Gefühl, seine gewohnte Fitness zu verlieren, holte sein Sprungseil heraus und begann, im Wohnzimmer zu trainieren. Plötzlich fühlte er einen stechenden Schmerz an der Schläfe, der sich schnell im ganzen Kopf ausbreitete. Alles begann zu verschwimmen, seine Knie wurden weich und er brach – alleine in der Wohnung – bewusstlos auf dem Boden zusammen.

Auf der anderen Seite der Stadt wartete Shon mit ein paar Kollegen im Besetzungsbereich der Bühne auf Anweisungen. Diese Nachtarbeit dauerte nun schon ein paar Wochen, und er konnte es kaum erwarten, einmal einen Abend frei zu bekommen. Und tatsächlich kam der Produktionsleiter zu ihnen herüber und teilte ihnen mit, dass er sie heute nicht mehr brauchte.

Shon und seine Arbeitskollegen fühlten sich wieder jung und frisch, sammelten ihre sieben Sachen und verließen den Drehort. Sein Bruder würde sicher noch wach sein, so dass er ihn überraschen konnte. Doch war Shon es, der überrascht war, als er die Wohnungstür aufstieß und seinen Bruder regungslos auf dem Wohnzimmerboden liegen sah. Er rief sofort den Rettungsdienst an, der seinen Bruder wenig später ins nahe Krankenhaus brachte, wo eine kritische Hirnblutung festgestellt wurde. Das Cedars-Sinai-Krankenhaus war allerdings bekannt dafür, über eine der besten neurologischen Stationen der Welt zu verfügen. Außerdem sagten die Ärzte, Seth hätte besonderes Glück gehabt, sofort von seinem Bruder entdeckt worden zu sein, was ihm sicher das Leben gerettet hatte.

Dieses Mal schwebte Seth nicht absichtlich über dem Abgrund, sondern das Schicksal hatte sein Leben an diesen seidenen Faden gehängt. Als ihm später bewusst wurde, welche Zusammenhänge sein Leben gerettet hatten, wurde Seth der Wert des Lebens bewusster als an jeder Felswand: Zuerst hatte eine zufällige Umstellung im Zeitplan seines Bruders bewirkt, dass dieser gerade rechtzeitig nach Hause kam, um Hilfe für ihn zu rufen. Zweitens waren die beiden gerade in eine Wohnung gezogen, die nur wenige Minuten von einem Krankenhaus entfernt war, das drittens eines der besten für die Behandlung von Hirnblutungen war.

Seth Greenblatt hat den Klettersport nicht aufgegeben, doch ist er den Gotteswinken, die sein Leben gerettet haben, unendlich dankbar.

Ein rechtzeitiger Wink Gottes

Dr. Louis Graber blickte auf seine Uhr und sah, dass es höchste Zeit war, das Ärzteseminar in Milwaukee zu verlassen, um rechtzeitig seinen Dienst in der Klinik von Oshkosh, Wisconsin, antreten zu können. Beim Verlassen des Zentrums fiel ihm ein Plakat an der Tür einer der Säle auf. Der Vortrag handelte von einem besonders heiklen chirurgischen Eingriff. Das mochte zwar sehr interessant sein, doch würde er diese Technik in seinem kleinen Krankenhaus wohl nie benötigen. Ein weiterer Blick auf seine Uhr bestätigte ihm, dass er zu spät kommen würde, wenn er seinem Wissensdrang nachgäbe.

In Oshkosh herrschte brütende Hitze. Eric Fellman, der gerade sein Studium beendet hatte, nahm eine Sommerarbeit bei der Bahn an. Er fuhr mit einem Spezialfahrzeug auf den Gleisen und versprühte Herbizide. Bei seiner monotonen Arbeit dachte er an seine Verlobte Joy, die er in acht Wochen heiraten würde. Seine Gedanken glitten zu ihrer warmen Stimme, die er gestern Abend am Hoteltelefon gehört hatte. Er lächelte über diese ferne Umarmung in einer einsamen Nacht. „Oh Eric, ich kann es kaum erwarten, bis du wieder hier bist und wir heiraten", hatte sie ihm noch zugeflüstert, bevor sie auflegte.

Klick. Irgendetwas stimmte nicht an dem 15 Tonnen schweren Fahrzeug und brachte ihn zurück in die Gegenwart. Eric stieg herab und ließ sich unter die Maschine gleiten, um einen Blick auf das Starterkabel zu werfen. Doch plötzlich rollte die Maschine vorwärts. Hatte er vergessen, die Bremsen anzuziehen? Noch bevor er sich in Sicherheit bringen konnte, zerdrückte eine Stahlwalze sein Gesicht und seine Brust. Lichter tanzten vor seinen Augen und eine warme Flüssigkeit schoß ihm in den Mund. Der Schmerz war schier unerträglich. Im Nu hatte Erics Leben eine völlig neue Wendung genommen.

95% seiner Tagesarbeit geschah auf menschenleeren Strecken zwischen spärlich gesäten Orten. Es war schon ein kleines Wunder, dass der Unfall gerade an der Ortsgrenze von Oshkosh geschah, wo jemand ihn gesehen und sofort das Krankenhaus verständigt hatte.

Für Eric schien jedoch eine Ewigkeit zu vergehen, bevor er endlich verschwommen wahrnahm, unter dem Fahrzeug hervorgezogen, aufgehoben und auf eine Bahre verfrachtet zu werden. Er hörte, wie die Türen des Krankenwagens zuschlugen und sie mit heulender Sirene losfuhren. In der Klinik machten die Ärzte eine schnelle Bestandsaufnahme: Sein Rumpf hatte schlimme Quetschungen davongetragen. Er verlor sehr viel Blut. Alle Lebenszeichen sanken. Man befürchtete das Schlimmste: einen Leberriss.

Die Leber ähnelt einem Schwamm und kann daher nicht genäht werden. War sie tatsächlich gerissen, würde der Patient den Unfall wohl kaum überleben. Als Eric in die chirurgische Abteilung gebracht wurde, traten die Befürchtungen ein: Leberriss.

Doch dann gab Gott ein Zeichen.

Dr. Louis Graber betrat den Operationssaal. Er war gerade aus Milwaukee zurückgekommen und schätzte die Situation ein. Es schien unglaublich. Die praktisch unbekannte Methode, die er gerade im Ärzteseminar gelernt hatte, war die einzig mögliche Rettungsmaßnahme in diesem Fall. Er entsann sich sofort wieder des eben Gehörten: Da die Leber nicht genäht werden konnte, entnahm er vorsichtig ein Stück des umliegenden Gewebes, faltete es über den Riss und klammerte es fest. Und tatsächlich hörte die Blutung auf.

Als Eric ein paar Stunden später die Augen öffnete, blickte er in die liebenden Augen seiner Verlobten. Natürlich musste der Hochzeitstermin verschoben werden, doch als die beiden mit ein paar Wochen Verspätung vor dem Traualtar standen, sagte Eric Fellman seinen Freunden und Verwandten:

„Diese Hochzeit ist für mich ein doppeltes Fest. Wir feiern das Wunder, dass Gott mir das Leben gerettet hat, und das Wunder, dass er mir Joy zur Frau schenkt."

Der Zufall, dass Dr. Graber sich schließlich doch noch in letzter Minute zu dieser Lesung hatte hinreißen lassen und trotzdem rechtzeitig kam, um sie unmittelbar an Eric Fellman anzuwenden, war zweifellos ein großartiger Wink Gottes.

Wer den Pfennig nicht ehrt …

Sammy war gerade zwei Jahre alt und noch nicht in der Lage zu erklären, was ihm fehlte. Er war bleich und atmete schwer. „Er hatte ein Engelsgesicht und war eines dieser kleinen Geschöpfe, das man pausenlos umarmen hätte können“, erinnert sich Dr. Coleman aus dem Krankenhaus, in das das Kind gerade eingeliefert worden war. Sammys besorgte Mutter hatte ihren Sohn erwischt, als er mit der Kleingeldbörse spielte und meinte, er könnte einen Cent verschluckt haben. Und tatsächlich, als Dr. Coleman sich mit seinem Röntgenspezialisten über das Brustbild des kleinen Sammy beugte, entdeckten sie ein Geldstück, welches in der Luftröhre steckte. Dr. Coleman ordnete eine chirurgische Entfernung an, ohne die das Kind ersticken würde.

Er besprach sich mit dem Ärzteteam. Der Anästhesist befürchtete, dass das während einer Vollnarkose eingeführte Bronchoskop Rachen und Kehlkopf anschwellen lassen würde, wodurch das Geldstück noch fester eingezwickt und schwieriger zu entfernen wäre. Aber welche Alternative gab es?

Dr. Coleman überlegte eine Weile und legte seinen Kollegen dann die Strategie dar: Wenn der Narkosearzt die Atmung nur 15 Sekunden verlangsamen konnte, ohne Sammy dadurch in Gefahr zu bringen, so ließe ihm das genügend Zeit, den Cent aus dem entspannten Organ zu entfernen.

Im Operationssaal knisterte die Spannung. Auf das Zeichen des Anästhesisten wurde dem Kind in einer fließenden, mehrmals geprobten Bewegung ein Metallrohr in den Rachen geführt. Man reichte Dr. Coleman eine lange Zange, die er rasch ins Rohr einführte und fast ebenso schnell mit dem üblen Cent wieder herausholte. Im Operationssaal brach spontaner Applaus aus.

Als eine Krankenschwester Dr. Coleman am nächsten Morgen auf seinem Weg in den Operationssaal mitteilte, dass Sammy und seine Mutter gerade aus dem Krankenhaus entlassen würden, flüsterte er ihr verschwörerisch zu:

„Ach, behalten Sie sie doch bitte heute Vormittag noch hier. Sagen Sie ihnen einfach, sie müssten noch ein Routineröntgenbild anfertigen. So komm ich wenigstens zu einer Abschiedsumarmung von diesem süßen Knirps."

Noch nie hatte er ein zweites Röntgenbild machen lassen und er bekam Schuldgefühle, dass sein Verlangen nach einer Abschiedsumarmung des geretteten Jungen Mutter und Kind länger als nötig im Krankenhaus zurückhalten würde. Nun, es war ihm einfach so spontan herausgerutscht. Da war jetzt nichts mehr zu ändern. Als er nach seiner Vormittagsoperation durchs Röntgenzimmer kam, fiel ihm der Radiologe auf, der ziemlich verwirrt auf ein Röntgenbild blickte. „Warum schauen sie sich dieses alte Röntgenbild von Sammy noch einmal an?" fragte er ihn, als ihm auf dem Bild der Cent in der Luftröhre auffiel.

„Das ist nicht das alte, das ist das *neue* Bild!"

„Was?" flüsterte Dr. Coleman entsetzt.

Sammy hatte in der Tat zwei Cent-Stücke verschluckt, die übereinander in seiner Luftröhre stecken geblieben waren. Abermals wurde das Kind eiligst in den Operationssaal gefahren, wo Dr. Coleman und sein Ärzteteam die Operation des Vortages erfolgreich wiederholten.

Wenige Minuten später ruhte Sammy bequem in seinem Bettchen. Wäre er an diesem Morgen entlassen worden, hätte dies durchaus sein Todesurteil sein können. Doch eine wunderbare, mysteriöse Kraft hatte Dr. Coleman unerklärlicherweise zu einem zweiten Röntgenbild veranlasst.

Niemand konnte Dr. Lester Coleman bisher davon überzeugen, dass diese Geschichte reiner Zufall war. „Gott war schon immer mein bester Operationsassistent", erwidert er dann in der Regel mit einem kleinen Lächeln.

Danke den Fügungen des Schicksals

Auch du hast sicher ähnliche Gotteswinke erlebt, als du z.B. ein Auto oder andere Gefahren erst im allerletzten Moment wahrgenommen hast. Vielleicht waren diese auch nicht ganz so dramatisch, wie die eben geschilderten, so haben sie doch dein Leben oder deine Gesundheit gerettet, auch wenn du dir dessen nicht unbedingt bewusst warst.

In den vorhergehenden Geschichten geschah der ausschlaggebende Zufall gerade im rechten Augenblick. Meine Großmutter sagte immer: „Der Zeitplan Gottes deckt sich nie mit dem unseren, doch kommt er nie zu spät.“

Kapitel 11

Zufälle am Lebensende

Der Tod und die Liebe
sind die beiden Flügel,
die den guten Menschen
in den Himmel tragen.
Michelangelo

Nie treten Zufälle häufiger auf als am Ende eines Lebens. Solche Winke Gottes sind keine Kommunikation mit den Sterbenden, sondern vielmehr mit den Lebenden, denen sie Trost vermitteln, indem sie zeigen, dass dem eben beendeten Leben genauso eine Rolle im unendlichen Plan zukommt wie das derer, die noch in dieser Welt bleiben.

Durch die folgenden Geschichten führt ein roter Faden. Die Angehörigen und Freunde des Verstorbenen fanden Trost in der Geschlossenheit eines vollendeten Lebenskreises oder aber in unerwarteten Ereignissen, die nur als Zeichen einer anderen Dimension interpretiert werden können.

In der Blüte vergehen

Am Sonntag, dem 13. Februar 2000, hörten die Fans von Charlie Brown, dass Charles M. Schulz, der Schöpfer der beliebten Peanuts-Comics im Schlaf einem Herzanfall erlegen war. Es schien, als wäre dieser Tod einem genauen Zeitplan gefolgt. Nachdem seine Figuren fast 50 Jahre lang die Zeitungsleser in 75 Ländern hatten schmunzeln lassen, starb der Zeichner am Tag, an dem sein letzter Streifen in der Sonntagszeitung erschien. Schulz hatte drei Monate zuvor angekündigt, dass er seine Arbeit beenden würde. Seine Abschiedsworte für die letzte Peanuts-Seite war gewissermaßen seine eigene Totenrede:

> *Liebe Freunde,*
>
> *Ich hatte das große Glück, nun fast 50 Jahre lang Charlie Brown und seine Freunde zeichnen zu können. Es war die Erfüllung meines innigsten Kindheitstraumes. Leider ist es mir nun nicht mehr möglich, den Zeitplan eines täglichen Comicstreifens einzuhalten, weshalb ich hiermit meinen Ruhestand bekannt gebe.*
> *Ich bin der jahrelangen Unterstützung meiner Herausgeber zu ebenso großem Dank verpflichtet wie der Liebe und dem Zuspruch meiner Fangemeinde.*
> *Charlie Brown, Snoopy, Linus, Lucy ... wie könnte ich euch jemals vergessen?*
>
> *Charles Schulz*

Die passendsten Huldigungen kamen von seinen Kollegen. So schrieb Chris Brown, der Vater von *Hägar, dem Schrecklichen*: „Für ihn war Comic Therapie. Er grub im Misthaufen der Seele und kam mit Edelsteinen wieder heraus."

Die Autorin von *For Better or for Worse,* Lynn Johnston, schrieb: „Sein Schlussstrich war ebenso perfektes wie romantisches Timing."

Charles Schulz schien mit seiner Arbeit verwachsen zu sein. Er war seinem persönlichen Traum gefolgt, den er schon seit seiner frühen Kindheit gehegt und gepflegt hatte, indem er seine besten Talente zur Geltung brachte. Als er am Ende seines Weges angekommen war, hinterließ er den Lebenden eine starke Botschaft: Ein erfülltes Leben strahlt auch im Tod absolute Harmonie aus. Die Synchronizität solcher Harmonie kommt in der folgenden Geschichte besonders zur Geltung.

Das goldene Mädchen

Der bereits erwähnte Gedanke, dass sich Zufälle verstärkt an unserem Lebensende zutragen, kam mir zum ersten Mal beim Tod von Jessica Savitch, einer der großen Moderatorinnen von NBC. Als ich mich bei ABC um die Sendung *Good Morning America* kümmerte, suchte ich nach einer geeigneten Partnerin für den Moderator David Hartmann. Neben der Nachrichtensprecherin Joan Lunden kam mir auch Jessica Savitch in den Sinn, deren charmant-autoritäre Art mich schwer beeindruckte. Als mich Jessicas Agent jedoch informierte, dass ihre aktuellen vertraglichen Verpflichtungen absolut verbindlich seien, gab ich meine Hoffnungen auf und versuchte auch nicht, sie direkt zu erreichen.

Drei Jahre später kamen Jessica Savitch und eine Freundin bei einem furchtbaren Unfall ums Leben. In dichtem Nebel fuhren sie vom Parkplatz eines Restaurants rückwärts in den Kanal des Delaware Flusses, wo sie in vier Meter Tiefe ertranken.

Als ich zufällig vier Wochen später während des Urlaubs in diesem Restaurant zu Abend aß und ein Kellner mir die traurige Geschichte erzählte, erfüllte mich das mit tiefer Trauer. Es war wirklich schade um so ein junges Menschenleben, und es tat mir sehr Leid, dass ich nicht darauf bestanden hatte, sie einmal persönlich kennen zu lernen, um ihr meine Bewunderung kundzutun.

Als ich nach diesem Urlaub wieder ins Büro zurückkam, fand ich einen Brief einer gewissen Alanna Nash vor, die mich um ein Interview ersuchte, da sie gerade an einer Biographie über Jessica Savitch schrieb. Warum gerade mich? Ich antwortete unverzüglich, dass ich Jessica zwar sehr schätzte, dass ich jedoch wohl kaum Informationen zu ihrer Biographie beitragen könnte, da ich sie nie persönlich getroffen hatte.

Eine Woche später bekam ich die Antwort von Alanna Nash.

„Sie müssen sich irren", hieß es da. „Sie haben Jessica ganz sicher gekannt, da sie in ihrer Autobiographie von Ihnen berichtet."

Was? Mein Verstand raste wie wild. Dem Brief hatte meine Sekretärin ein Buch beigelegt. Ich erinnerte mich noch vage daran, dass sie mir einmal von einem Buch erzählt hatte, das ich unbedingt lesen sollte und das sie zufällig in die Hände bekommen hatte. Es war Jessicas Autobiographie und ein Lesezeichen lugte aus den Seiten hervor.

Als ich die Zeilen las, traten mir Tränen in die Augen, während ich mich an ein Vorstellungsgespräch mit einer jungen Frau erinnerte, als ich Jahre zuvor bei WBZ in Boston gearbeitet hatte. Hier sind Jessica Savitchs eigene Worte zu dieser Geschichte:

> *Ich sandte eine Menge Briefe … und bekam eine recht unverbindliche Antwort von WBZ in Boston. Wenn mir jemand auch nur im Geringsten zu verstehen gegeben hätte, mich sehen zu wollen, wäre ich am nächsten Tag dort gewesen. Hier hieß es: „Wenn Sie zufällig auf Ihren Reisen einmal in unsere Gegend kommen, können Sie gerne bei uns vorbeischauen." Ein alter Freund aus meiner Schulzeit, … der in Beacon Hill lebte, traf mich an der Bushaltestelle und fuhr mich zur Fernsehstation. Dort interviewte mich SQuire Rushnell, der jetzige Vorstand des ABC Programms: „Es ist sehr schwer, in diesen Beruf zu kommen", begann er mit den Worten, die*

ich immer zuerst zu hören bekam. Er stellte mich zwar nicht ein, doch nahm er sich eine ganze Stunde Zeit, um mir die Fernsehstation zu zeigen. Danach fuhr ich mit dem Taxi zu Jeff.
„Und wie ist es gegangen?“
„Sehr gut.“
„Hast du den Job bekommen?“
„Nein.“
„Warum ist es dann gut gegangen?“
„Ich hatte das Gefühl, einmal ernst genommen zu werden.“
Die Zeit, die er mir geschenkt hatte, war das erste Zeichen der Ermutigung.

Meine Gedanken überstürzten sich. Warum hatte ich neulich gerade in dem Restaurant gehalten, bei dem Jessica ums Leben gekommen war? Warum bekam ich Alanna Nashs Brief unmittelbar danach und warum hatte meine Sekretärin die Autobiographie zufällig griffbereit, in der Jessica davon erzählte, dass ihr Gespräch mit mir einen kleinen Wendepunkt in ihrer Karriere darstellte.

Das nächste Kapitel dieser Geschichte hörte ich bei einem Termin mit Judy Girard, der Programmgestalterin des Lifetime Television Channel. Nachdem ich ihr zum Erfolg ihres Fernsehfilmes „Das goldene Mädchen: Die Geschichte der Jessica Savitch“ gratuliert hatte, der die besten Einschaltquoten der ganzen Saison verzeichnete, erzählte ich ihr auch von meiner Zufallsgeschichte. Zu meiner großen Überraschung konnte sie ebenso mit einer solchen aufwarten: Es begann damit, dass sie an der Universität von Pennsylvania ihr Zimmer mit Jessica geteilt hatte.

Der Savitch-Film war ihr von einem Film-Produzenten aus Los Angeles angeboten worden, der nicht die geringste Ahnung hatte, dass Judy und Jessica Freundinnen gewesen waren. Doch ihre erste Reaktion war negativ: Sie kannte ein paar sehr vertrauliche Geschichten ihrer früheren Zimmerkollegin und hatte den Eindruck, dass kein wahrheitsgetreuer Film über sie gemacht werden konnte, ohne ihre Angehörigen zu verletzen.

Ein weiterer Zufall änderte ein paar Wochen später ihren Standpunkt: Judy sollte eine Rede vor den Absolventen der Universität von Pennsylvania halten, denen das Jessica-Savitch-Stipendium zuteil geworden war. Mit Überraschung bemerkte sie, dass auch Jessicas Schwestern anwesend waren. Sie packte die Gelegenheit beim Schopf und erzählte ihnen von dem Filmprojekt. Die Schwestern fanden die Idee nicht nur ausgezeichnet, sondern stimmten sogar zu, an einem Dokumentarfilm der Lebensgeschichte ihrer Schwester mitzuarbeiten.

Die zufälligen Ereignisse, die Judy Girard in Bezug auf Jessica erlebt hatte, standen den meinen also in nichts nach. Während ich im Nachhinein erfahren hatte, dass ich Jessica an einem Wendepunkt ihres Lebens kennen gelernt hatte, wurde Judy ein Filmprojekt über ihre Freundin in den Schoß gelegt, das schließlich auch durch eine zufällige Begegnung mit deren Schwestern Zustimmung fand und zum größten Erfolg des Jahres für *Lifetime* wurde.

Ein Grabeswink

1983 drehte Barbra Streisand den Film „Yentl" über ein jüdisches Mädchen, welches sich als Junge verkleidet den Traum erfüllt hatte, die Thora zu studieren, was früher nur Männern gestattet war. In diesem Film spielte sie nicht nur die Hauptrolle, sondern sie hatte ihn auch geschrieben und produziert.

„Dieser Film lag mir ganz besonders am Herzen, weil ich damit meinem Vater Tribut zollte, der starb, als ich noch ein kleines Mädchen war."

Die Verbindung zu ihrem Vater war offensichtlich. Die ersten Worte lauten: „Yentl, wie geht's Vater?" Und als dieser schließlich stirbt, singt Streisand: „Papa, kannst du mir nicht helfen, keine Angst zu haben? ... Ich erinnere mich an alles, was du mir beigebracht hast ... Papa, wie ich deinen Gute-Nacht-Kuss vermisse."

Als das Drehbuch fertig war, verspürte Barbra den Drang, das Grab ihres Vaters aufzusuchen, was sie noch nie zuvor getan hatte. Als sie den Frieden und die Gelassenheit des Friedhofs auf sich wirken ließ, wünschte sie sich, sie könnte ihrem Vater mitteilen, dass sie diesen Film für ihn machte.

Während ihre Gedanken in Erinnerungen schwelgten, fiel ihr Blick auf das Grab daneben. Wie erstaunt war sie, als sie auf dem Grabstein den seltenen jiddischen Namen Anshel las, den sie der männlichen Hauptrolle ihres Drehbuches gegeben hatte. Was für ein kräftiger Wink aus dem Jenseits!

Mütterlicher Trost

Carolyn Schroth war am Boden zerstört. Das Auto ihrer Mutter war in einem Schneesturm dieses ungewöhnlich kalten Monats April von der Fahrbahn abgekommen. Ihre Mutter, die beste Freundin ihres Lebens, war getötet worden. Freunde und Bekannte hatten die beiden schmunzelnd mit zwei Schulfreundinnen verglichen, da sie sehr viel Zeit im gemeinsamen Gespräch, aber auch beim Sport am Wochenende verbrachten.

Carolyns Mutter war eine ebenso talentierte wie erfolgreiche Modezeichnerin für Zeitungsannoncen in New York gewesen. Sie hatte ihre Tochter dazu ermutigt, trotz des täglichen Pendelverkehrs eine Stelle in einer Werbeagentur in der Stadt anzunehmen.

Nach dem Tod ihrer Mutter empfand Carolyn ihren Alltag als große Leere. Der tägliche Marsch von der Arbeit zum Bahnhof war ernüchternd ohne ihre Mutter. Als sie eines Abends wieder einmal an dem früheren Büro ihrer Mutter vorbeiging, fiel ihr Auge auf etwas im Schaufenster.

Da saß ihre Mutter! Mit pochendem Herzen rannte sie über die Straße und starrte ins Schaufenster. Dort saß eine Puppe, deren Gesichtszüge und Kleidung ihrer Mutter bis ins Detail nachempfunden waren, an einem mit Modefotos und Zeitschriften bedeckten Arbeitstisch. Die Puppe blickte auf einen offenen Kalender, in dem ein Skiwochenende mit ihrer Tochter eingetragen war und auch die Worte „Mittagessen mit Tommy“ und „Ray anrufen“ standen dort.

Tommy war Carolyns jüngerer Bruder, Ray war ihr Vater. Die leblose Form wirkte gespenstisch und fesselte ihren Blick. Carolyn glaubte, einem Geist gegenüberzustehen. In der nächsten Zeit hielt Carolyn jeden Tag vor dem Schaufenster an, um das Bild ihrer Mutter zu betrachten. Jedes Mal verließ sie die Szene mit leichterem Herzen. Sie fühlte diese alte ursprüngliche Bindung mit einer Frau wieder, die ihr nun mitteilen zu wollen schien, dass es ihr gut ging.

„Ich glaube, etwas Besonderes steckte hinter all diesen Dingen. Es schien mir wie ein Hauch des ewigen Lebens, eine starke Verbindung zum Universum. Ich hatte das Gefühl, meine Mutter versuchte mir durch all diese Zufälle zu helfen, über ihren Tod hinwegzukommen“, erzählte Carolyn später.

Einige Wochen, nachdem ich diese Geschichte zu Papier gebracht hatte, wurde ich gebeten, eine kleine Rede von der Kanzel meiner Kirche am Quaker Hill zu halten. Bevor ich hinaufstieg, übergab mir der Dekan eine Liste mit 13 Namen, die üblicherweise nach der Abschlussrede und vor dem Schlussgesang verlesen wurde, damit die versammelte Gemeinde für die genannten Personen beten konnte.

Die Geschichte von Carolyn Schroth war Teil meiner Rede gewesen, da sie früher in der Gegend von Quaker Hill gelebt hatte und einige Leute sie wahrscheinlich noch kannten. Ich spürte, dass die versammelten Gläubigen sehr berührt von Carolyns Schicksal waren. Danach führte ich das Gebet für die Leute auf meiner Liste an, die ich langsam vorlas. Beim letzten Namen stockte ich und fühlte, wie meine Augen feucht wurden. Es handelte sich um Ray

Schroth, Carolyns Vater. Unser kleines Kirchlein war Zeuge eines kleinen Winks Gottes geworden.

Kermit der Frosch

Jim Henson, der geniale Erfinder der „Muppetshow", war eng mit Joe Raposo befreundet, der die Musik für die „Sesamstraße" schrieb. So war es kein Zufall, dass die beiden auch am Lied von Kermit, dem Frosch, zusammengearbeitet hatten. Raposo hatte den Song „It Isn't Easy Being Green" geschrieben, dessen Text sich versteckt gegen die Rassendiskriminierung richtete und von Henson gesungen wurde. Doch starben beide Künstler ziemlich jung. Raposo schied am 5. Februar 1989 mit 51 Jahren aus dem Leben. Am 16. Mai 1990 wurde eine Sendung über sein Werk und Leben im Fernsehen ausgestrahlt. Dies war zugleich auch der Tag, an dem Jim Henson im Alter von 53 Jahren starb.

Botschaften an die Lebenden

In Zeiten tiefer Trauer können wir uns oft nicht erklären, weshalb ein geliebter Mensch ins Jenseits gerufen wurde. Die Winke Gottes sind Nachrichten des Trostes, die uns klar machen sollen, dass das Leben kein Kontinuum, sondern ein Kreis ist, und dass die Bindungen der Liebe den Tod überdauern.

In den vorhergehenden Geschichten waren diese Zeichen immer zum Wohle der Lebenden:

- In Jessica Savitchs Geschichte nahm der Gotteswink, durch den Judy Girard die Schwestern der Verstorbenen traf, der Produzentin die letzten Zweifel, einen Film über Jessicas Leben zu drehen.

- Barbra Streisand bekam einen „Grabeswink“, als sie an einem Film arbeitete, der ihrem Vater gewidmet war. Dies half ihr nach langen Jahren, über seinen Tod hinwegzukommen.
- Carolyn Schroth fand Trost in einer Schaufensterpuppe, die ihrer Mutter ähnelte. Für sie war dies ein Zeichen dafür, dass ihre Mutter an einem besseren Ort war.
- Jim Hensons Freunden und Verwandten fiel es schwer, mit seinem frühen Tod fertig zu werden. Doch fanden sie Trost in einer Fernsehsendung über seinen langjährigen Mitarbeiter, die wie ein Wink der kosmischen Ordnung an seinem Todestag ausgestrahlt wurde.

Verliere nicht den Mut, wenn ein naher Mensch aus dem Leben scheidet. Alles wird sich wieder zum Guten wenden. Auch hier sehen wir nur einen kleinen Ausschnitt des großen Bildes, dessen Harmonie erst aus kosmischer Perspektive deutlich wird.

Kapitel 12

Zufälle der Geschichte

Sei begeistert. Strebe nach Erfolg und liebe dein Land.
Carlos J. Arboleya

John Adams und Thomas Jefferson, die beiden Männer, denen der Hauptanteil an der amerikanischen Unabhängigkeitserklärung gebührte, starben beide am selben Tag im Jahre 1826.

Am selben Tag, aber nicht an irgendeinem Tag. Es war der 4. Juli, der Tag, an dem dieses historische Dokument gezeichnet wurde. Aber es war nicht irgendein 4. Juli, sondern der 50. Jahrestag der Unabhängigkeitserklärung.

Ich saß in meinem Büro und fragte mich, ob nicht noch andere Zufälle die Leben der beiden Staatsmänner verbanden. Um eine Antwort zu bekommen, suchte ich nach zusätzlichen Informationen über ihren Todestag. Vielleicht hatte der damalige Präsident im Juli 1826 ja eine Lobrede auf die beiden gehalten, in der er auf Parallelen anspielte.

Ich fischte ein Nachschlagewerk aus einem Regal meiner bescheidenen Bibliothek. 1826 amtierte der Präsident John Quincy Adams, der Sohn von John Adams. Doch fanden sich in diesem

Werk keinerlei Hinweise auf eine Lobrede oder irgendwelche Anspielungen des Präsidenten auf den Zufall, der die beiden Männer am selben Tag hatte sterben lassen.

Als ich den Band wieder zurückstellte, fiel mein Blick auf ein dünnes, schwarzes Büchlein, das ich in all den zwölf Jahren, seit ich mit einer Schachtel Bücher vom Begräbnis meines Großvaters zurückgekehrt war, noch kein einziges Mal aufgeschlagen hatte. Es überraschte mich nicht, dass ich dem Titel bisher keinerlei Aufmerksamkeit gewidmet hatte. „Websters große Reden" klang nicht gerade vielversprechend.

Auch das innere Titelblatt war nicht sehr viel aufregender. In alten Drucklettern stand da „Die großen Oratorien und Senatsreden von Daniel Webster". Doch stelle man sich meine Überraschung vor, als ich den Titel der ersten Rede vom 2. August 1826 las: „Lobrede auf Adams und Jefferson".

Genau das hatte ich gesucht! In wunderbarem Stil beschrieb Senator Webster eine außerordentliche Anzahl weiterer Parallelen zwischen den beiden Helden der amerikanischen Geschichte. Hier ein Auszug aus Daniel Websters Ansprache:

> *Adams und Jefferson sind nicht mehr. Doch hat ihr Tod am Jahrestag unserer Unabhängigkeit in all seiner Fügung starke Gefühle in uns hinterlassen.*
>
> *Es ist ebenso bewegend wie außergewöhnlich, dass es diesen beiden Männern gegeben war, die 50. Jahrfeier eines Tages mitzuerleben, der den Ruhm ihres Namens unauslöschlich mit dem ihres Landes verbunden hat, und dass sich der Himmel öffnete, um beide am selben Tag zu sich zu nehmen.*
>
> *Es gab viele Überschneidungen und Fügungen in den Leben von Adams und Jefferson. Beide waren gelernte und begabte Anwälte. Beide waren Kinder der beiden zur Zeit der Revolution größten und mächtigsten*

Kolonien, denen daraus auch eine politische Führungsrolle erwachsen war.

Beide gehörten zu den ersten Anhängern der Unabhängigkeitsbewegung. Wo viele noch zauderten, hatten sie ihren Entschluss bereits gefasst. Während die anderen zögerten, preschten sie schon vorwärts.

Beide gehörten dem Komitee an, welches die Unabhängigkeitserklärung ausarbeitete und das beide schließlich auch dazu auserkor, die erste Fassung aufzusetzen.

Beide waren zuerst Außenminister, dann Vizepräsidenten und letztlich Präsidenten.

All diese Parallelen fanden nun ihre schicksalhafte Krönung: Sie starben am selben Tage, am Geburtstag der Freiheit.

Drängt sich uns bei solchen Ereignissen nicht der Eindruck auf, dass sie gefügt wurden und dass der Himmel die Dinge so einrichtet, dass sie unsere Aufmerksamkeit auf sich lenken und uns zum Nachdenken einladen?

Webster hatte meine Gefühle in Worte gefasst! Ich suchte nach dem Erscheinungsdatum des Werkes: 1853. Eine Idee kam mir in den Sinn. Gesetzt den Fall, ich hätte irgendwie ausfindig gemacht, dass die gesuchte Totenrede in dem kleinen Büchlein „Webster's Great Orations" enthalten war, welches vor eineinhalb Jahrhunderten veröffentlicht worden war. Wo hätte ich das Buch heute finden können?

Um den Gedanken zu Ende zu spielen, ließ ich meinen Computer alle Bibliotheken Ostamerikas durchstöbern. Doch in keinem der Kataloge war auch nur der geringste Verweis auf den besagten Titel zu finden. Aber hier stand ein Exemplar aus dem Erbe meines Großvaters in meinem eigenen Bücherregal und wartete nur darauf, von mir im richtigen Augenblick aufgeschlagen zu werden. Wie groß war wohl die Wahrscheinlichkeit für diesen Zufall?

Ja, Gott hatte mir wieder einmal zugezwinkert.

Die Lincoln-Kennedy-Parallele

Während die Schicksale von Adams und Jefferson bereits zu deren Lebzeiten erstaunliche Gemeinsamkeiten aufwiesen, gibt es solche Überschneidungen auch bei Persönlichkeiten, deren Leben durch einen beträchtlichen Zeitraum voneinander getrennt sind. Dies war der Fall bei Abraham Lincoln und John F. Kennedy. So lesen wir auf einer Gedenktafel im Ford Theater in Washington D.C., in dem Lincoln ermordet wurde, von der unheimlichen Serie von Zufällen, die die Schicksale der beiden US-Präsidenten miteinander verbindet:

- Lincoln wurde genau 100 Jahre vor Kennedy zum Präsidenten gewählt; Ersterer 1860, Letzterer 1960.
- Beide hatten während ihrer Präsidentschaft den Tod eines Kindes zu beklagen.
- Lincolns Sekretärin hieß Kennedy, während Kennedys Sekretärin Lincoln hieß.
- Beide Sekretärinnen hatten ihrem Präsidenten davon abgeraten, sich an den Ort des Anschlags zu begeben: Lincoln zum Theater, Kennedy nach Dallas, Texas.
- Beide wurden neben ihren Frauen durch Schüsse in den Hinterkopf getötet.
- Beide Vizepräsidenten, die den ermordeten Präsidenten folgten, waren ehemalige Senatoren, stammten aus den Südstaaten und hießen beide Johnson.
- Andrew Johnson wurde 1808, genau hundert Jahre vor Lyndon Johnson, geboren, der 1908 zur Welt kam.
- Beide Mörder hatten je drei Namen mit 15 Buchstaben: John Wilkes Booth und Lee Harvey Oswald.
- Auch die beiden Mörder trennten genau hundert Jahre voneinander. Sie waren 1839 und 1939 geboren.
- Booth erschoss Lincoln in einem Theater und lief in ein Lager-

haus, während Oswald Kennedy von seinem Posten in einem Lagerhaus erschoss und in ein Theater lief.

- Beide Mörder wurden noch vor ihrer Verhandlung umgebracht.
- Lincoln und Kennedy hinterließen beide ein Erbe zur Förderung der Bürgerrechte.
- Die Namen beider Präsidenten zählen beide sieben Buchstaben.

Parallelen zwischen John F. Kennedy und George W. Bush

Am 17. November 2000 berichtete die *Washington Post* von einer weiteren Serie überraschender Parallelen zwischen zwei US-Präsidenten, indem sie die Wahlen von 1960 und 2000 miteinander verglich:

- Die Wahlen von 1960 und 2000 waren die knappsten der amerikanischen Geschichte gewesen.
- Die jeweiligen Gegenkanditen Nixon und Gore waren amtierende Vizepräsidenten, klug und politisch gewieft, wirkten jedoch in ihrer Wahlkampagne etwas steif.
- Kennedy und Bush hingegen galten als gut aussehend, waren reich und hatten den Ruf jugendlicher Ungezogenheit.
- In beiden Wahlen widerrief das Fernsehen seine Hochrechnungen.
- Die geschlagenen Vizepräsidenten hatten den Wahlsieg ihres Gegners zuerst zögernd anerkannt und dann bestritten.
- Nixon und Gore klagten Wahlschwindel an und forderten neue Stimmenauszählungen.
- In beiden Wahlen spielten Mitglieder der einflussreichen Familie Daley aus Chicago eine wichtige Rolle: 1960 wurde der damalige Bürgermeister von Chicago, Richard Daley, angeklagt, seinen politischen Einfluss geltend gemacht zu haben, um den

Demokraten den Wahlsieg im Staat Illinois zu sichern. Sein Sohn, der ehemalige Wirtschaftsminister William Daley, war der Manager von Al Gores Wahlkampagne.

- In beiden Wahlen verloren die Vizepräsidenten Nixon und Gore.

So faszinierend es auch sein mag, die Fügungen des Schicksals in der Geschichte auszumachen, umso interessanter ist es, sie in unserem eigenen Leben zu finden. Wie bei historischen Persönlichkeiten wird auch unser Leben von einer ganzen Kette von Zufällen durchzogen, die unseren Weg beleuchten wie Straßenlaternen.

Betrachten wir die Reihe der Fügungen, die unser bisheriges Leben begleiteten, so sehen wir bald, dass sie ein ganz bestimmtes Muster bilden. All diese Zufälle, die den Prominenten ebenso widerfahren wie dem kleinen Mann auf der Straße, zeigen uns Menschen das Wunder des Lebens.

Im Gegensatz zum eintönigen Alltag sind solche Ereignisse meist alles andere als subtil. Sie sollen uns wachrütteln, damit wir uns der wunderbaren Möglichkeiten bewusst werden, die dieses Leben für uns bereithält. In Anlehnung an die Worte Daniel Websters könnten wir sagen: Zufälle sind dazu da, unsere Aufmerksamkeit auf sich zu lenken, uns zum Nachdenken einzuladen und uns unsere eigenen Möglichkeiten klarzumachen, unsere Rolle und unser Schicksal in dieser Welt zu erfüllen.

Kapitel 13

Zufälle in der Kunst

Wir sollten Gott etwas Platz lassen,
damit er durch den Raum gehen kann!
Quincy Jones

Vielleicht nehmen Künstler Gotteswinke verstärkt wahr, da sie eher kreativ als logisch denken und sie daher nicht als bedeutungslose Zufälle abtun. In den folgenden Geschichten geht es nun um Winke, die Autoren, Malern und Schauspielern widerfahren sind und die entweder beachtet oder ignoriert wurden – einige davon sind immer noch unergründlich.

Die Geschichte der beiden Reeves

Hier geht es um einen Herrn Reeve und einen Herrn Reeves, die beide Schauspieler waren, beide in der Rolle Supermanns spielten, beide einen Rückschlag in ihrer Karriere erlitten und schwere Schicksalsschläge erlebten.

In den 50er Jahren war George Reeves sieben Jahre lang der Star der Fernsehserie „Supermanns Abenteuer“. Die Rolle hatte ihn zwar populär gemacht, reduzierte ihn jedoch auf sie. So wurde ihm kein anderer Charakter angeboten, als die Serie schließlich ausgelaufen war. Er erwog sogar eine Karriere als Berufsringer, doch setzte das Schicksal all seinen Projekten ein jähes Ende. 1959 wurde er tot mit einem Kopfschuss aufgefunden. Obwohl die offizielle Version Selbstmord annahm, wurde von vielen Mord vermutet.

1978 wurde Christopher Reeve zum Supermann eines Kinofilms, von dem drei Fortsetzungen gedreht wurden. Aber auch er fand danach nur noch Nebenrollen und Aufträge in Theatern. 1995 fiel er vom Pferd und war von da an querschnittgelähmt.

Wie der Zufall es wollte, spielte Reeve in seinem letzten Film vor dem Unfall die Rolle eines gelähmten Polizisten in „Jenseits jeden Verdachts", der zu jener Zeit noch in den Kinos lief.

Warum die beiden Reeves so ähnliche Karrieren hatten, ist wohl ein weiteres dieser unerklärlichen Teilchen des großen Puzzles. Als ich mit dem Fernsehproduzenten Gary Grossman – einem begeisterten Anhänger der Supermänner – über dieses Thema sprach, erzählte auch er mir eine Zufallsgeschichte.

Als er 1976 gerade an einem Buch über Supermann schrieb, hatte er alle Schlüsselfiguren der verschiedenen Fernsehserien interviewt. Nur Noel Neill, eine der beiden Darstellerinnen der Lois Lane, fehlte ihm noch. Ob sie ihm wohl das gewünschte Gespräch zugestehen würde?

Um das Eis zu brechen, kaufte Gary ein Supermann-T-Shirt auf dem berühmten Walk of Fame in Hollywood, um es Frau Neill bei seiner Ankunft zu schenken. Als er aus dem Geschäft heraustrat, erschrak er über das Geräusch quietschender Reifen und hupender Autos, so dass er seine Tüte auf den Gehsteig fallen ließ.

„Ich beugte mich, um sie wieder aufzuheben und erstarrte im selben Augenblick, als ich sah, wo die Tüte gelandet war. Mitten auf dem Stern von George Reeve. Ich hatte bis zu diesem Zeitpunkt gar nicht gewusst, dass der ehemalige Supermann dort überhaupt einen Stern der Stars besaß, aber bis heute habe ich das Gefühl, ich hätte ihn an diesem Tag leibhaftig kennen gelernt. Irgendwie glaubte ich, er hat mir damals zugezwinkert und gesagt: ‚Hallo Gary, viel Glück mit deinem Buch!'“

Der Cartoonzeichner und sein Held

Mit seinem Cartoon „Mother Goose & Grimm“ gewann Mike Peters den Pulitzer-Preis. Sein einzigartiger Stil wurde während seiner Jugendjahre geprägt, und zwar durch eine strikte Diät der Karikaturen seines Helden Bill Mauldin, der besonders für seine Zeichnungen der Fußsoldaten des 2. Weltkriegs bekannt war. Als sie einander später kennen lernten, empfahl Mauldin Peters an die *Daily News* von Dayton, Ohio, wo seine Karriere dann begann. Seither sind die beiden gute Freunde.

Der Zufall wollte es, dass der Weg der beiden sich später auf ganz andere Weise wieder kreuzte. Mike und seine Frau Marian waren an einem Wendepunkt angelangt. 1990 bekam Mike ein Stellenangebot aus Atlanta. Doch waren ihre drei Kinder in Dayton aufgewachsen, und sie hatten nie wirklich einen Umzug in Erwägung gezogen. Trotzdem gestand Mike seinem Verleger, dass ihn das Angebot reizte, in südlicheren Gefilden der Vereinigten Staaten zu arbeiten.

Der Verleger erklärte ihm, dass er nicht unbedingt vor Ort wohnen müsse. Ein paar Tage später bereitete Mike eine lang geplante Reise nach Sarasota in Florida vor, wo er an einem Cartoon-Festival teilnehmen wollte. Als er seinem Nachbarn beiläufig erzählte, dass sein Chef nichts dagegen hätte, auch über eine größere Distanz mit ihm zusammenzuarbeiten, schlug jener Mike und Marian vor, ihr Haus zum Verkauf auszuschreiben, um die „Marktlage auszuloten“.

„Warum nicht?“, meinte das Ehepaar. Doch gerade vor ihrer Abreise wartete der Nachbar auch schon mit der Überraschung auf, dass er ein festes Angebot für das Haus bekommen hätte. Würden sie es annehmen?

Sie erwogen die Frage während ihrer Florida-Reise. Wenn sie schon einmal im Sonnenstaat waren, könnten sie ja auch gleich einmal einen Blick auf den dortigen Wohnungsmarkt werfen. Ganz unverbindlich natürlich ...

„Dieses Haus liegt an einem hübschen kleinen Teich", erzählte der Makler gerade, als die Tür aufging und eine Frauenstimme rief:

„Das ist ja eine Überraschung. Marian, was machst Du denn hier?" Die Inhaberin kannte Marian noch aus ihrer Zeit der gemeinsamen Studentinnenverbindung in Dayton. Sie hatten sich seit 20 Jahren aus den Augen verloren. Dieser Wink überzeugte das Ehepaar, dass sie auf dem richtigen Weg waren. Vielleicht wäre der Umzug aus dem hohen Norden nach Florida doch genau das Richtige.

Doch war es der Zufälle noch nicht genug.

Mike und Marian erfuhren wenig später, dass der „hübsche kleine Teich" nicht zum Haus gehörte. Sie hatten Bedenken, dass der Teich eines Tages verkauft werden könnte. Bei einer Willkommensparty, zu der alle Nachbarn eingeladen waren, lernten sie den Eigentümer des Teichs kennen, der ihnen jedoch mitteilte, dass er schon mehrere Angebote ausgeschlagen hätte und nicht verkaufen wolle. Es tat ihm Leid. Mike und Marians Hoffnungen verflogen.

Im weiteren Gespräch erzählte Mike, dass er Cartoonzeichner war.

„He, dann kennen Sie ja vielleicht auch Bill Mauldin?"

Mike erwiderte voll neuem Enthusiasmus: „Natürlich, kenne ich den. Er war mein Mentor. Ja, wir haben ihn sogar letzte Woche in Palm Springs in Kalifornien besucht."

„In Palm Springs?" rief der erstaunte Nachbar. „Das ist mein Haus! Ich habe es an Bill Mauldin vermietet."

Die außerordentliche Kraft dieser gebündelten Zufälle brachte den Nachbarn dazu, seinen Standpunkt erneut zu überdenken, und schließlich verkaufte er den Peters doch seinen Teich. Diese wiederum hatten das Gefühl, ihr Haus in Sarasota hätte sie „magisch angezogen".

Wir alle kennen ähnliche Momente in unserem Leben, in denen wir schwierige Entscheidungen fällen müssen. Dies sind ausgezeichnete

Augenblicke, um nach besonderen Zeichen Ausschau zu halten, die uns zeigen, welcher Pfad der richtige für uns ist. Hast du den Wink einmal ausgemacht, so kannst du mit gestärktem Selbstbewusstsein drauflosmarschieren und zuversichtlich deinem neuen Ziel entgegenstreben.

Die zweimal gesunkene *Titanic*

Der Film „Titanic“ war der bisher erfolgreichste Film aller Zeiten und unterstrich dadurch das aktuelle Interesse an dieser tragischen Geschichte. Das neue, als nicht sinkbar geltende Trans-Atlantik-Passagierschiff *Titanic* kollidierte auf seiner Jungfernfahrt im April 1912 mit einem Eisberg und sank. Fast 1500 Menschen, zwei Drittel der 2224 Passagiere ertranken oder erfroren im Atlantik, da zu wenig Rettungsboote an Bord waren.

Der Zufall? 14 Jahre vorher hatte Margan Robertson den Roman „Titan: Eine Liebesgeschichte auf hoher See“ geschrieben. Hier ein paar der Einzelheiten, die über ein Jahrzehnt nach Erscheinen des Buches Wirklichkeit wurden, als das Schicksal der *Titanic* das der erfundenen *Titan* gewissermaßen in Szene setzte:

- Beide Schiffe segelten von Southampton (England) aus.
- Beide Schiffe galten als nicht sinkbar.
- Beide Schiffe rammten gegen Mitternacht auf ihrer Steuerbordseite einen Eisberg.
- Beiden Schiffen fehlten Rettungsboote.
- Bei beiden Unfällen ertrank ein Großteil der Besatzung und der Passagiere in den Eiswassern des Nordatlantik.

Wie konnte Herr Robertson das geahnt haben? Hatte seine Schöpfungsgabe ihn so sensibel gemacht, dass er Ereignisse der Zukunft voraussehen konnte? War die Veröffentlichung seines Werks eine

Warnung oder ein Wink, der leider von all jenen ignoriert wurde, deren Stolz der Grund der Katastrophe war?

Klar ist nur, dass die, denen dieser Wink Gottes bestimmt war, ihn nicht gesehen oder ernst genommen hatten.

Ein Treffen mit Mark Twain

Mark Twain hatte all seine Kontakte spielen lassen, um die Ausgabe einer Zeitschrift zu bekommen, in der er Jahre zuvor einen Artikel veröffentlicht hatte. Der Verleger antwortete ihm, dass die Nachfrage so groß gewesen war, dass sie selbst über kein einziges Exemplar mehr verfügten.

Ein paar Wochen später stand Twain an einer Ampel in New York, als ein Fremder aus der Menge an ihn herantrat.

„Herr Twain! Ich war gerade auf dem Weg zum Postamt, um Ihnen dieses Päckchen zu schicken. Gestern Abend habe ich in meinem Büro ausgemistet und bin auf etwas gestoßen, was Sie interessieren könnte. Hier, nehmen Sie es. Das erspart mir das Porto."

Etwas verdutzt sah der Autor dem Mann nach, als er wieder in der Menschenmenge verschwand. Vorsichtig öffnete er den Umschlag und blieb ein paar Sekunden sprachlos auf dem Gehsteig stehen. Darin war die lange vergeblich gesuchte Zeitschrift mit seinem Artikel.

Mark Twain hatte seinen Wunsch „in den Äther" gesandt, und die Antwort kam in Form eines Gotteszwinkerns wieder zurück.

Zufälle und Kreativität

Wissenschaftler haben festgestellt, dass Menschen, deren rechte Hirnhälfte dominiert, in der Regel kreativer sind als „linkslastige" Personen. Der Neurologe Dr. Arthur Winter und seine Frau Ruth schrieben in ihrem Buch „Brain-Workout":

„Es ist mittlerweile erwiesen, dass unsere Kreativität vor allem in der rechten, das logische Denken eher in der linken Gehirnhemisphäre situiert ist. Die linke Seite ist die der gesprochenen und geschriebenen Sprache, der Zahlen und des Verstandesdenkens, während die rechte ein musikalisches und künstlerisches Verständnis der Dinge ermöglicht. Dreidimensionales und kreatives Denken stammen ebenso aus diesem Bereich wie Phantasie und Intuition."

Vielleicht stehen Künstler den Winken Gottes aus diesem Grund aufgeschlossener gegenüber. Es wäre durchaus möglich, dass Schriftsteller, Musiker oder Erfinder mehr auf der Wellenlänge dieser Form der Inspiration „schweben" und ihre Zeichen ihnen daher mehr auffallen. Ist dies tatsächlich der Fall, so läge es wohl an uns selbst, unserer rechten Hirnhälfte wieder etwas mehr Gehör zu verschaffen und kreativer zu werden.

Wie steigern wir unsere Kreativität

So wie jedem von uns Zufälle widerfahren können, so ist Dr. Winter auch davon überzeugt, dass wir unsere Kreativität ausbauen können. Dazu schlägt er eine Reihe von Techniken vor, die die Grundlage der folgenden Liste ist, die ich erstellt habe, um unsere Sensibilität für Gotteswinke zu steigern.

Versuche diese Techniken in den nächsten zwei Wochen auf irgendeinen kreativen Bereich wie Zeichnen, Schreiben oder kreative Problemlösung in Beruf und Freizeit anzuwenden. Beobachte, ob du dann nicht den Eindruck hast, kreativer und hellhöriger auf die Zeichen des Universums geworden zu sein.

- Bereite dich vor. Informiere dich so gut wie möglich über den angestrebten kreativen Bereich und sprich so oft wie möglich darüber.
- Brüte. Wir suchen alle nach immer rascheren Lösungen und tendieren dazu aufzugeben, wenn die Antwort sich nicht unmittelbar einstellt. Lass die Sache ein bisschen in deinem Unterbewusstsein schwelen. Vielleicht geschieht der eigentliche Durchbruch erst nach Tagen.
- Probiere. Hast du eine kreative Lösung ausgearbeitet, probiere sie aus. Alle neuen Ideen bedürfen gewisser Verbesserungen.
- Distanziere dich. Lass dein kreatives Projekt nun ein wenig ruhen. Nimm einen kleinen „Geistesurlaub" oder beschäftige dich mit etwas völlig anderem, das dein Denken von dieser kreativen Aktivität ablenkt.
- Bringe Veränderungen in dein Leben. Lerne neue Menschen kennen. Lies andere Bücher. Steigere die geistigen Anregungen aus deinem Umfeld, indem du dich neuen Gedanken und Vorstellungen öffnest.
- Habe keine Angst vor dem Alleinsein. Du brauchst etwas Zeit, um auf dein Inneres hören zu können, anstatt dir von anderen sagen zu lassen, wie du denken solltest.
- Sei diszipliniert. Vielleicht scheint es widersinnig, doch ist ein unstrukturiertes Umfeld freiem Denken sehr abträglich. Jeder kreative Prozess wird davon profitieren, wenn du planst, regelmäßig zu schreiben, zu malen oder anderweitig kreativ zu sein.
- Finde die geeignete Zeit. Es gibt einen bestimmten Moment in deinem Tagesrhythmus, an dem dir die besten Ideen kommen. Nähre diesen Augenblick und profitiere davon.
- Finde den geeigneten Ort. Wo kommen dir die besten Einfälle? Im Wald, im Garten, in einem bestimmten Zimmer? Deine Kreativität wird sich an diesem Ort um so besser entfalten können.

- Behalte Papier und Stift in der Nähe. Halte flüchtige Ideen fest, da sie sich später oft als nützlich erweisen. Meine Sekretärin sagt mir immer wieder: „Der stumpfeste Bleistift ist besser als der schärfste Verstand."
- Rufe deinen Anrufbeantworter an. Hast du eine gute Idee und gerade nichts zum Schreiben zur Hand, kannst du auch schnell bei dir zu Hause anrufen und sie auf deinem Anrufbeantworter deponieren. Einer meiner Freunde ist Komponist und bedient sich seit Jahren dieser Technik. Wenn ihm eine geniale Idee beim Autofahren oder anderswo einfällt, summt er sich seine eigene Telefonnachricht.
- Bearbeite dein Gehirn. Bringe so viele Ideen wie möglich „zu Wort", indem du sie anderen erzählst oder sie aufschreibst. Lass deinem Geist freien Lauf und stelle dir die verschiedensten Möglichkeiten vor.
- Verschiebe dein Urteil. Schenke all deinen Gedanken Gehör. Urteile sie nicht vorzeitig ab. Notiere auch die verrücktesten Ideen. Schließlich wird aus der Quantität auch Qualität entstehen.
- Habe keine Angst vor Fehlern. Kreativität gesteht sich gelegentlich auch die Freiheit zu, außerhalb vorgezeichneter Linien zu malen.
- Keine Entschuldigungen. Es gibt keine Entschuldigung dafür, nicht kreativ zu sein. Weder Alter, noch Gesundheit oder Arbeitslast sind wirklich gültige Argumente. Ich wette, dass man jedem einzelnen dieser Fluchtversuche ohne weiteres zahlreiche Beispiele von Leuten entgegensetzen könnte, die trotz dieses oder jenes Handikaps kreativ sind.

Beginnst du damit, deine rechte Hirnhälfte zu trainieren, in dem du deine kreativen Möglichkeiten steigerst, so entwickelst du den Teil deines Gehirns, der sich verstärkt der Intuition und Vorstellungskraft bedient. Schon sehr bald werden dir immer mehr Zufälle in die Augen stechen. Je mehr du dich in Einklang mit den Winken Gottes bringst, desto klarer werden sie.

Kapitel 14

Zufälle im Sport

Folge nicht der Masse. Sei du selbst. Glaube an etwas.
Tom Landry

Gott zwinkert allen von uns zu: Präsidenten aller Länder und Firmen dieser Erde, prominenten und unbekannten Menschen, dir und mir. Diese Zufälle geschehen in allen Lebenslagen und auf den verschiedensten Wegen. Das gilt auch für die Welt des Sports.

Versuche in den folgenden vier Geschichten, wieder die Parallelen zu deiner eigenen Existenz herzustellen. Vielleicht wurde auch dir einmal durch ein Ereignis im Sport eine Botschaft zuteil.

Perfektes Baseball

Ein perfektes Baseball-Spiel ist ein höchst außergewöhnliches Phänomen. Abgesehen von absolut fehlerfreien Würfen des Pitchers müssen auch all seine acht Mitspieler optimal im Feld verteilt sein, um den von der Gegenpartei geschlagenen Ball zu fangen. In der Geschichte des amerikanischen Baseball gab es nur 16 solcher vollkommenen

Partien, in denen keinerlei Punkte gegen den Pitcher verzeichnet wurden.

Drei davon wurden im Laufe von 40 Jahren von den Yankees aus New York gespielt. Der Zufall wollte es, dass Don Larsen mit allen drei Spielen in Verbindung stand. Larsen verzeichnete als erster Yankee ein perfektes Spiel.

Bis zur nächsten Gelegenheit sollten 42 Jahre vergehen. Ein Freund hatte meinem Sohn Grant und mir Eintrittskarten für das Spiel der Yankees gegen die Minnesota Twins geschenkt. Als wir am 17. Mai 1998 ins Stadion kamen, hatten wir noch keine Ahnung, als was für ein Geschenk diese Karten sich herausstellen würden.

Im 7. Durchgang dämmerte es den Zuschauern, dass da unten auf dem Rasen gerade etwas ganz Besonderes geschah. Die Spannung war greifbar. Doch schienen die Yankees ihren Pitcher David Wells völlig zu ignorieren, als sie sich nach jeder weiteren erfolgreichen Runde am Rande des Spielfelds versammelten. In Wirklichkeit zeigten sie ihm alles andere als die kalte Schulter. Keiner wagte, den Zauber des Augenblicks zu brechen und Wells Konzentration durch Freudenausbrüche zu stören. Als er nach der neunten Runde den 27. Schläger der Gegner eliminiert hatte, brach das Stadion jedoch in tobenden Applaus aus, und seine Kameraden umarmten ihn ungestüm.

Viele der Fans blieben nach dem Abzug der Mannschaft noch eine Weile im Stadion, um diese einzigartige Stimmung auszukosten und den Augenblick auf sich wirken zu lassen. David Wells Freund, Pitcher David Cone, verließ als Letzter das Spielfeld. Als er sah, wie viele Fans noch immer im Stadion standen, schlug er Wells vor, noch eine kleine Ehrenrunde zu drehen. Es war die richtige Geste im richtigen Augenblick. Das Stadion brach erneut in tosenden Jubel aus, als der Mann der Stunde ihnen mit seiner Kappe zuwinkte.

In den Zeitungen der nächsten Tage begann der Zufall, an den Tag zu treten. David Wells und Don Larsen, die beiden einzigen Pitcher perfekter Spiele in der Geschichte der Yankees, waren beide ins Point Loma Gymnasium im fernen San Diego gefahren, wo sie früher – mit 35 Jahren Abstand – Baseball gespielt hatten.

Ganz zufällig hatte man Don Larsen 14 Monate später zu einem anderen Match eingeladen, bei dem ihm die Ehre zuteil wurde, den ersten Ball zu werfen. Dann nahm David Cone die Partie als Pitcher auf. In wenigen Durchgängen knisterte es abermals im Publikum, als sich erneut ein perfektes Spiel abzeichnete. Dann brach wieder der Jubel über den erfolgreichen Helden des Tages aus. Doch am meisten freute er sich über die Umarmung Don Larsens, der mit jedem dieser drei historischen Spiele des Klubs in Verbindung stand.

Neben Larsen und den beiden Pitchern war ein weiterer Mann maßgeblich an den beiden letzten fehlerlosen Spielen beteiligt. In beiden Fällen war Chuck Knoblauch – und allein er – es gewesen, der die einzigen Möglichkeiten der Gegner zu punkten durch brillante Aktionen zunichte gemacht hatte. Arbeiten wir hart an der Verwirklichung unseres Schicksals, so stellen sich Zufälle oft ein, um unsere Mühen auf ihrem Höhepunkt zu krönen. Ähnliches geschah auch in unserer nächsten Geschichte.

Perfektes Golf

Nur sehr selten gelingt einem Golfspieler der Wunderschlag, in dem der Ball vom Abschlag direkt im Loch landet. Welcher Golfer träumt nicht von einem solchen Hole-in-One?

In all den 39 Jahren, in denen Dave Wilson Golf spielte, war ihm dies noch nie gelungen. Als es dann eines Tages wirklich geschah, wurde der Zauberschlag von einem Zwinkern Gottes begleitet. Als er an diesem Tag im persönlichen Triumphzug heimkehrte, erwartete ihn da eine Geburtstagskarte, die sein Sohn vier Tage zuvor an ihn abgeschickt hatte. Und was war auf dem Bild? Ein Hole-in-One! Doch wurden seine Augen noch größer, als er auf der Rückseite der Karte eine weitere Darstellung erblickte, auf der ein Männchen seinen Golfball direkt ins neunte Loch des Grüns beförderte, dieselbe Stelle des Platzes also, auf dem es ihm heute auch gelungen war.

Das Einzige, was an diesem Tag den persönlichen Golferfolg für Dave Wilson übertraf, war der dazugehörige Wink des Schicksals.

Vom Hocker gerissen ...

Bei solchen und ähnlichen Geschichten aus der Welt des Sports haben wir manchmal wirklich das Gefühl, Gott triebe seine Späße mit uns.

Ähnlich auch die nächste Geschichte: Phil Regan kam sich völlig fehl am Platz vor. Er war von einem entfernten Bekannten zu einer Grillparty eingeladen worden, auf der er keinen Menschen kannte. Nach einer Weile stahl er sich ins Haus, um einen kurzen Blick auf das Spiel der Boston Red Sox zu werfen, das gerade im Fernsehen übertragen wurde. Bald war die Party über dem rasanten Spiel vergessen.

„Und - wie steht's?" rief ihn plötzlich eine freundliche Stimme hinter sich wieder in die Gegenwart zurück. Ein weiterer Fan der Red Sox gesellte sich zu ihm und gestand ein, jetzt lieber im Stadion zu sein und seine Saisonkarte auszunutzen.

Sechs Wochen später beschloss Phil, den Nachmittag frei zu nehmen, um mit einem Freund zu einem Spiel der Red Sox nach Boston zu fahren. Wie üblich hatten sie nur billige Stehplätze gekauft, um sich etwas später einen freien Sitzplatz zu ergattern. Phil sah auch bald schon zwei herrliche Plätze in den vordersten Reihen ganz in der Nähe des Sammelplatzes der Red Sox. Nach dem vierten Durchgang mogelten sie sich nach unten.

Doch währte die Freude über ihre Sitzplätze nicht lange. Man klopfte Phil auf die Schulter und eine entfernt vertraute Stimme fragte ihn, ob er sicher sei, auf dem richtigen Platz zu sitzen. Als Phil sich umwandte, war nicht nur er überrascht. Es handelte sich um denselben

Mann, mit dem er ein paar Wochen zuvor bei einer Grillparty in ein freundliches Gespräch verwickelt wurde. Aus all den 33. 871 Sitzplätzen des Fenway Park Stadions hatte Phil gerade seinen Platz gewählt.

Der Golfer und das vermisste Kind

Tim Simpson ist ein professioneller Golfspieler, der bei seinen Turnieren quer durch die Vereinigten Staaten reist. Um seine Unterstützung für die Bundesorganisation für vermisste Kinder zu unterstreichen, steckt Tim bei jedem Turnier ein Foto eines solchen an seine Golftasche.

Beim Mastersturnier von Augusta, Georgia, war es das Computerbild von Shannon Minor. Es handelte sich um eine Simulation, wie die im Alter von 18 Monaten entführte Shannon im Alter von neun Jahren aussehen könnte. Fünf Tage danach bekam die Organisation einen anonymen Anruf einer Frau, die angab, Shannon Minor befände sich in Houston.

Tatsächlich wurde das Mädchen dort gefunden und zu seiner Mutter zurückgebracht. Es wurde auch die Möglichkeit in Erwägung gezogen, dass die anonyme Anruferin Shannons Phantombild auf Tim Simpsons Golftasche gesehen haben könnte. Doch ähnelte dieses Foto der wirklichen Shannon nur sehr wenig. Außerdem war niemandem, der die Fernsehübertragung des Turniers gesehen hatte, eine Nahaufnahme der Golftasche aufgefallen. Simpson sieht diesen Zufall als einen Wink Gottes, dass die kleine Shannon fünf Tage nach seinem Turnier auf ganz anderem Wege gefunden wurde.

Bist du ein Anhänger einer sportlichen Disziplin, so sind dir inzwischen vielleicht auch ähnliche Zufälle aufgefallen. Als ich dem Komödianten Tim Conway die Geschichte der perfekten Baseball-Spiele Don Larsens erzählte, konterte er schlagfertig wie immer mit einem anderen Baseball-Ereignis.

„Die Mutter des Pitchers Bob Feller kam nie zu den Spielen ihres Sohnes. Nur einmal konnte er sie überreden, bei einem besonders wichtigen Match anwesend zu sein. Sie kam tatsächlich – und wurde von einem Baseball am Kopf getroffen."

Was hätte ich sonst von einem Komödianten erwarten können?

Kapitel 15

Zufälle im Berufsleben

Wir verdienen unser Leben mit dem,
was wir bekommen.
Wir schaffen unser Leben aus dem,
was wir geben.
Englisches Sprichwort

Auf der Reise zur Verwirklichung unseres persönlichen Schicksals gelangen wir zwangsläufig auch an Kreuzungen, an denen sich völlig neue Wege auftun, die uns in eine ganz andere Richtung führen. Neue Gelegenheiten geben unserer Karriere neue Möglichkeiten, die wir nicht versäumen dürfen. Ein Stellen- oder Firmenwechsel bereitet uns Sorgen, da wir mit völlig neuen Situationen fertig werden müssen. Oder plötzliche Arbeitslosigkeit konfrontiert uns mit existenziellen Ängsten. Eines ist jedoch sicher: Wir fühlen uns unsicher.

Bis dieses Gefühl wieder verschwindet, begegnen wir unserer Berufssituation oft mit einem gewissen Unbehagen. Das aber ist genau der Moment, an dem die meisten Zufälle eintreten. Halte die Augen für die Winke Gottes am Wegesrand offen. Sie sind da. Wir müssen sie nur sehen.

Da solche Zufälle allen Menschen widerfahren, ist es oft erbauend zu sehen, dass auch Firmen und Gesellschaften von zufälligen Ereignissen beeinflusst, wenn nicht sogar gelenkt werden.

Ein klebriger Zufall

Bei 3M, dem Mutterhaus des amerikanischen Klebestreifens „Scotch“, erfand der Forscher Spence Silver zufällig einen Klebstoff, der aus winzigen, individuell haftenden Partikeln bestand. Durch die minimalen Abstände hielt er jedoch nicht auf den herkömmlichen Streifen. Silver wusste zwar, dass es sich dabei um eine einzigartige Substanz handelte, aber er hatte keine Ahnung, was man damit anfangen konnte.

Fünf Jahre später fand sich einer seiner Kollegen, Art Fry, bei Proben im Kirchenchor ein. Es irritierte ihn, dass seine Notizblätter immer wieder aus seinem Gesangbuch glitten. Da fiel ihm ein Gespräch ein, das er einmal mit Spence Silver geführt hatte. Vielleicht konnte man den Klebstoff ja für Lesezeichen verwenden!

Bald hatte 3M ein neues Produkt: Die Post-it-Notizblöcke. Schon im Jahr darauf galten die kleinen gelben Blöcke als das „herausragende neue Produkt“ der Firma. Mehr als 20 Jahre danach sind die kleinen Merkzettel dank eines zufälligen Gesprächs zweier Angestellter und herunterfallender Notizzettel nicht mehr von unseren Schreibtischen wegzudenken.

Medikament des Jahres

In der englischen Grafschaft Kent verdankten Forscher der Pharmaindustrie die Entdeckung eines neuen Medikaments, das ihrer Firma bereits in einem Jahr eine Milliarde Euro einspielte, einem Zufall.

Dr. Nicholas Terrett und Dr. Peter Ellis, beide Wissenschaftler der Pfizer Pharmaceuticals, führten Untersuchungen für ein neues Herzmedikament durch. Als die Tests beendet waren, weigerten sich viele Versuchspersonen jedoch, die Medikamente wieder zurückzugeben. Die Männer hatten nämlich entdeckt, dass die Pillen eine erfreuliche Nebenwirkung auf ihr Sexualleben aufwiesen, die von den Ärzten keineswegs geplant war.

Dieser Zufall führte die beiden Forscher dazu, 1998 das berühmte Viagra zu erfinden, welches inzwischen Millionen von Männern mit Erektionsproblemen geholfen hat.

Französische Kletten

1941 ging der Franzose George de Mestral mit seinem Hund im Wald spazieren. Als er wieder zu Hause ankam, hingen etliche dieser kleinen Kletten an seiner Hose, die jeder von uns nur allzu gut kennt. Doch ging er einen Schritt weiter als die meisten von uns. Er betrachtete sie unter dem Mikroskop, um herauszufinden, wie die Kletten am Stoff hängenblieben. Er war fasziniert, als er hunderte kleiner Widerhaken sah, die sich in den feinen Fäden des Stoffs wie auch im Schwanz seines Hundes festklammerten.

Et voilà, der Klettverschluss war geboren. Der Marsch durch den Wald hatte George de Mestral den nötigen Wink gegeben, das so genannte „Velcro“ zu erfinden, dessen Name sich aus *vel*ours (Samt) und *cro*chet (Haken) zusammensetzt.

Such die Zeichen in deiner Karriere

Aus kurzen, kreativen Eingebungen resultierende Erneuerungen haben den Lebenswandel von Millionen von Menschen verändert. Auch dein Leben ist voll dieser Augenblicke der Einsicht, in denen dir ganz plötzlich klar wird, wie du deinen Beruf besser ausüben, deinen Kunden besser gerecht werden oder unnötige Ausgaben einsparen könntest.

Wie in den vorherigen Geschichten solltest du auch hier versuchen, Parallelen zu deinem eigenen Leben herzustellen.

Der grosse 20/20 Job

Das Firmenziel, welches ABC mir als Manager der Sendung *Good Morning America* gestellt hatte, war, die Einschaltquoten der populären *Today Show* von NBC zu überholen. Ich hatte meine Stelle erst seit wenigen Monaten eingenommen, als ich mit dem Problem des Jahresurlaubs von David Hartman, dem Moderator „meiner“ Sendung, konfrontiert wurde. Man schlug vor, ihn während dieser Zeit durch einen der großen Hollywood-Stars zu ersetzen, doch befürchtete ich, dadurch die Glaubwürdigkeit der Nachrichtenseite der Sendung zu untergraben. Wochenlang ging mir die Frage der Ersatzperson durch den Kopf. Und plötzlich kam mir der Einfall: Ich könnte doch den ehemaligen Moderator der *Today Show* Hugh Downs fragen, der sich seit fast zehn Jahren im Quasi-Ruhestand befand.

„Vielleicht können wir so ein paar der Stammseher der *Today Show* für uns gewinnen“, erklärte ich der Firmenleitung. Als Hugh Downs schließlich im Studio erschien, um seinen Gastauftritt abzugeben, befürchtete er, das Fernsehen hätte sich vielleicht in den letzten Jahren so verändert, dass er nicht mehr mithalten könnte. Doch klappte alles bestens. Er vertrat David Hartman während dessen Abwesenheit ausgezeichnet und strahlte jeden Morgen das perfekte Image von Selbstvertrauen und Autorität aus.

An Downs zweitem Arbeitstag fand ein weiteres großes Ereignis bei uns statt: ABC News startete mit 20/20 ein neues Nachrichtenmagazin zur Hauptsendezeit. Leider bekamen die Moderatoren der viel beachteten ersten Sendung ziemlich schlechte Kritiken. Sie kamen beide aus der Zeitungsbranche und hatten ganz offensichtlich nicht genug Erfahrung mit dem Fernsehen. Deshalb bestellte der ABC-Vorsitzende Fred Pierce seinen Nachrichtenchef Roone Arledge schon am nächsten Morgen in sein Büro. Er wollte wissen, was Arledge wegen des Flops von 20/20 zu tun gedachte.

Der schwer in Verlegenheit gebrachte Arledge wollte gerade kleinlaut zugeben, dass sie schon nach anderen Kandidaten für die Sendung suchten, als gerade die Westküstenausgabe von *Good Morning America* über den internen Bildschirm im Vorstandsbüro flimmerte und eine wunderbar warme, ruhige Stimme verkündete: *„Ich bin Hugh Downs. Guten Morgen Amerika."*

Mit plötzlich gestärktem Selbstvertrauen nickte Arledge nun ziemlich unerwartet dem Bildschirm entgegen und sagte: „Ich hatte an ihn da gedacht." Natürlich hatte er das nicht – bis zu dem Augenblick, als Hugh Downs zur rechten Zeit auf dem Bildschirm erschien. Schon am folgenden Wochenende gingen Hugh Downs und ich essen, um seinen neuen Posten als Moderator von 20/20 zu feiern. Er behielt die Stelle über 20 Jahre.

Uns allen kann es passieren, dass wir wie Hugh Downs ganz unvorhergesehen von dem Weg abkommen, den wir bislang für den unseres Schicksals gehalten hatten. Solchen Gelegenheiten sollten wir immer offen gegenüberstehen. Wie Roone Arledge sollten wir zugleich die Augen für Möglichkeiten offen halten, die sich uns ganz plötzlich erwartet oder unerwartet auftun. So können wir die Gotteswinke, die uns orientieren sollen, nicht übersehen.

Ein Kabelpionier rettet seine Gesellschaft

Adelphia Communications ist einer der wenigen Riesen des amerikanischen Kabelfernsehens und verzeichnet über fünf Millionen Anschlüsse. Der Betrieb ist seinen Familientraditionen noch stark verpflichtet und sah deshalb bisher noch keinen Anlass, den Hauptsitz aus dem 3000-Seelen-Ort Coudersport an der Westküste der USA zu verlegen.

John Rigas, ein Herr mit schlohweißem Haar und einer väterlichen Stimme, führt sein Unternehmen immer noch aus dem ehemaligen Schulhaus von Coudersport. Er grüßt alle Nachbarn beim Namen und isst mit seinen Angestellten in der Kantine zu Mittag – wie in den guten, alten Zeiten. Das Kino mit seinen 300 Plätzen, das gleich daneben liegt und den Grundstein zu seiner Kommunikationsarbeit gesetzt hatte, ist für alle Arbeiter von Adelphia frei.

Natürlich war die Firma nicht immer so wohlhabend wie heute. In den frühen Tagen hatte John Rigas seinen Bankkredit in allen erdenklichen Maßen überzogen und sein gesamtes Geld in die Idee investiert, jeden Bauernhof West-Pennsylvanias zu verkabeln. In dieser bergigen Gegend war das Kabel oft die einzige Möglichkeit, das Fernsehen auf dem Land zu empfangen.

„Da unsere Kredite limitiert waren, mussten wir bei mehreren Banken unsere Leihfrist überziehen. Täglich liefen wir zwei, drei Mal auf die Bank, um die ausgeschriebenen Schecks zu decken. Manchmal war ich gezwungen, meinen alten Freund in der Bank anzurufen, um ihn zu bitten, ein paar Schecks mit ein, zwei Tagen Verspätung abzubuchen, damit sie gedeckt waren."

Eines Tages präsentierte ein Freund von John ihm die Idee, sein Netz auch auf Punxsutawney auszudehnen. Dieser Ort in Pennsylvania war für seinen alljährlichen „Ground Hog Day" bekannt, an dem die ersten Murmeltiere als Zeichen des nahenden Frühlings erwartet werden. Doch war die Investition fraglich. John Rigas hatte Zweifel, ob die Anzahl potenzieller Kunden in dieser Gemeinde für wirklich die gewünschten Resultate bringen würde. Aber sein Freund setzte sich mit Nachdruck für die Expansion ein und drängte ihn dazu, einen erneuten Kredit über 50.000 $ zu zeichnen, der durch Johns eigenes Haus gedeckt war. Mit einem flauen Gefühl im Magen zeichnete John die Hypothek auf den Sitz seiner Familie.

Als Adelphia ein Büro in Punxsutawney eröffnete, bewarb sich eine Frau namens Betty Miloser um eine Stelle. „Wir konnten uns zwar eigentlich keine neue Angestellte leisten, doch bestand sie so auf ihrem Gesuch, dass wir sie schließlich als Mädchen für alles mit 35 $ wöchentlich anstellten“, erinnert sich John.

Aber es zeichnete sich schon nach wenigen Monaten ab, dass die Investition in Punxsutawney ein Flop gewesen war. Man gewann nicht genügend Interessenten für das Kabelfernsehen, um die hohen Kosten der unterirdischen Kabellegung in dieser hügeligen Gegend einspielen zu können. Der Tag, an dem John Rigas erfuhr, dass er die Filiale schließen musste und die Bank ihre 50.000 $ zurückforderte, ist ihm auch heute noch in sehr schmerzlicher Erinnerung. Es stand nicht nur sein ganzer Betrieb vor dem Bankrott, sondern man hätte ihm sogar sein eigenes Haus gepfändet.

„Es war klar: Alles war vorbei. Dieses Mal war ich wirklich zu weit gegangen und hatte verspielt. Ich konnte an nichts anderes mehr denken als den Zusammenbruch der Firma, den Verlust unseres langjährigen Familiensitzes, ja all meiner Investitionen und Visionen. Ich konnte unmöglich 50.000 $ aus dem Ärmel schütteln.“ Die Geschichte von Adelphia Communications war an einem äußerst kritischen Wendepunkt angelangt.

Doch dann gab Gott einen Wink.

Als John Rigas seinen wenigen Mitarbeitern in Punxsutawney mitteilte, dass sie zusperren müssten und die Existenz der ganzen Firma an einem seidenen Faden hing, meldete sich Betty Miloser zu Wort:

„Ich glaube, ich kann ihnen helfen. Ich habe 50.000 $.“

John Rigas blickte sie verwundert an: „Da habe ich zwei kleine Fragen. Wie schnell können Sie das Geld bekommen und woher im Himmel haben Sie plötzlich 50.000 $?“

„Letzte Woche verkaufte mein Vater seine Kohlemine und überwies 50.000 $ auf mein Konto“, lächelte sie.

Auch heute erzählt John Rigas noch mit Vergnügen und Wärme die Geschichte seiner Sekretärin Betty Miloser, die vor langen Jahren das Unternehmen vor dem Bankrott rettete. Für ihn war dies die grundlegende Fügung in der Firmengeschichte des späteren Medienriesen. Er fragt sich noch immer, was ihn damals eigentlich dazu bewegt hatte, Betty in der ohnehin schon schwierigen Situation des Betriebes anzustellen. Gott sei Dank hatte er auf die Eingebung der Stunde gehört!

„Doch will ich nicht vergessen anzumerken", fügt er schmunzelnd hinzu, „dass Betty Miloser freies Kabelfernsehen auf Lebenszeit bekommt".

Ich hoffe, diese Geschichten haben aufgezeigt, dass Zeichen der Intuition, der perfekten Gelegenheit und der Erneuerung auch in der Welt der Arbeit gang und gäbe sind. Vielleicht inspirieren sie auch dich zu neuen Initiativen im Beruf. Erkennst du die Winke Gottes in der Arbeitswelt und nimmst diese Möglichkeiten wahr, wird nicht nur deine Firma, sondern dein ganzes Umfeld davon profitieren. Das Leben vieler Menschen kann sich ändern, angefangen mit deinem eigenen.

Kapitel 16

Kleine, unerwartete Entdeckungen

Fürchte dich nicht vor dem Leben.
Sei davon überzeugt, dass das Leben lebenswert ist,
und dein Glaube wird helfen, dies wahr werden zu lassen.
William James

Nur selten sind die Zufälle unseres Alltags wirklich beeindruckend und bedeutend. Oft ist es ein kleines, wunderliches Zwinkern Gottes, bei dem wir uns fragen, was es wohl damit auf sich hat.

Ja, auch kleine Zufälle haben ihre Bedeutung: Sie zeigen uns ständig, dass wir nicht alleine sind und dass eine kosmische Kraft ständig in unserem Leben gegenwärtig ist. Jedes Mal, wenn ich auf Reisen bin, faszinieren mich die vielen Straßennamen mit dem Namen meines Sohnes Grant. Ich habe immer wieder das Gefühl, an Gottes Liebe erinnert zu werden, die sich mir offenbarte, als mein Sohn seine Geburt wie durch ein Wunder überlebte.

Kleine Winke Gottes sind ebenso wie die großen nicht mehr und nicht weniger ein Zeichen dafür, dass wir uns auf dem rechten Weg befinden.

Am Tag, an dem ich Sybil Puruczky für die Stelle der Vorstandsassistenz interviewte, erwähnte sie, sie hätte zwei Töchter, Morgan und Taylor.

„Ach was?“ lächelte ich. „Meine Nichte heißt auch Morgan und meine Enkelin Taylor. Nicht gerade gewöhnliche Namen.“

Für mich war dies ein kleines Zeichen, dass ich auf der richtigen Spur war. Ich stellte Sybil ein, und sie war eine der besten Mitarbeiterinnen, die ich je gehabt hatte. Nebenbei verband ein weiterer Zufall „meine“ Morgan und Taylor. Beide kamen an einem 23. Mai zur Welt. Und wie es der Zufall so wollte, war der 23. Mai auch Sybils erster Arbeitstag bei uns.

Kosmisch komisch

Ein Freund sagte einmal: „Zufälle sind ein Beweis, dass Gott Sinn für Humor hat.“ Diese Theorie kann ich besonders dann bestätigen, wenn mir wieder mal einer dieser Namen begegnet, der so schön zum Beruf seines Trägers passt:

- Im Ozeanographischen Institut von Massachusetts arbeitete eine Meeresbiologin namens Evelyn Fish.
- Jack Frost ist für die Wettervorhersagen der meteorologischen Station von Oregon verantwortlich.
- Franz Brannt aus dem Rheintal hat seinen Traumberuf im Weinhandel gefunden.
- In Hamburg gibt es einen Zahnarzt namens Dr. Detlef Bohrer.
- Ein Frankfurter Bankkaufmann trägt hingegen den seinem Beruf etwas abträglichen Namen Philipp Klau.
- Eine Sprecherin im bayerischen Verkehrsfunk heißt Inge Lange-Stau.

Gottes Zwinkern kann uns Rätsel aufgeben, ironisch sein, uns lächeln oder den Kopf schütteln lassen. Aber wenn das geschieht, wissen wir in der Regel, dass wir gerade eine kleine Botschaft erhalten haben.

Hinweise aus den eigenen Gedanken

Wie oft ist es uns nicht schon passiert, dass wir gerade an jemanden dachten, der uns seit Jahren schon nicht mehr in den Sinn gekommen war, und kurz darauf rief er an oder wir trafen ihn an einem völlig unerwarteten Ort.

Bei seiner Sonntagspredigt erzählte unser Priester eines Tages von einem Projekt, das er „Gebetspartnerschaft“ nannte. Es ging darum, für jemanden zu beten, ohne dass er davon wusste. Mir gefiel die Idee, und ich sah mich in der Kirche um. Drei Reihen vor mir saßen Belle und Bruce Reynolds. Ich wollte sie die ganze nächste Woche in meine Gebete einschließen. So enthielt unser Abendgebet mit Grant sieben Tage lang die Worte: „Gott segne Belle und Bruce“.

Am nächsten Sonntag kam ich etwas zu spät zur Messe. Als ich in meine Reihe schlüpfte, bemerkte ich etwas verwundert, dass die Ministranten Körbchen herumgehen ließen. In meiner Kirche werden normalerweise Spenden in den Kästen am Ausgang deponiert und nicht eigens eingesammelt.

In der Pause kam einer der Ministranten dann auch auf mich zu und hielt mir einen Korb hin, in dem drei zusammengefaltete Zettel lagen: „SQuire, du hast noch keinen Gebetspartner.“

Ich muss ihn etwas verwirrt angesehen haben, denn er erklärte:

„Wir haben beschlossen, die Idee, von der Ted letzte Woche erzählte, aufzugreifen. Deshalb haben alle Teilnehmer der heutigen Messe ihren Namen ins Körbchen gelegt und einen Zettel gezogen, auf dem der Gebetspartner der nächsten Woche steht.“

Ich zögerte trotzdem noch, als der Ministrant mir den Korb noch einmal unter die Nase hielt und sagte ihm, dass ich eigentlich schon einen Gebetspartner hätte. „Zwei sogar – Belle und Bruce Reynolds."

Er lächelte nur, nahm den Korb aber kein Stückchen weg.

„Na ja", murmelte ich, „ich denke, man kann ruhig mehrere Gebetspartner auf einmal haben". Ich zog also einen der drei übrigen Zettel aus dem Körbchen. Als ich ihn auffaltete, muss mir die Kinnlade verdächtig heruntergeklappt sein. Von den 600 Anwesenden hatte ich ausgerechnet den von Belle und Bruce Reynolds gezogen!

Manchmal gibt es einfach Augenblicke, in denen man zum Himmel blickt und sich sagt: „OK, Gott, Du treibst deine Späße mit mir!" Da scheint Gott uns nicht nur zuzuzwinkern, sondern uns regelrecht anzugrinsen.

Dinge finden

Hast du noch nie erlebt, dass du unendlich lange nach etwas gesucht hast und es plötzlich vor dir liegt?

Der berühmte Historiker Thomas Fleming erzählte mir einmal, wie er verzweifelt nach Informationen über Eddie Rickenbacher gesucht hatte, der im zweiten Weltkrieg auf einem Rettungsfloß überlebt hatte. Als Fleming gerade aufgeben wollte, die Bücherstöße in den Hinterräumen der Öffentlichen Bibliothek von New York zu durchkämmen, fiel ihm ein kleines, staubiges Büchlein in die Hände, das von einem völlig unbekannten Flugzeugpiloten geschrieben worden war, der seinen Absturz über dem Ozean überlebt hatte. Er wurde von einem anderen Überlebenden auf einem Floß aufgefischt – Eddie Rickenbacher. Die ganze Geschichte, nach der er gesucht hatte, lag schwarz auf weiß vor ihm.

Ein Wink der Zahlen

Wenn Zahlen manchmal ganz unerwartet die Regeln mathematischer Wahrscheinlichkeit auf den Kopf stellen, haben wir das Gefühl, es handelt sich um einen ganz besonderen kosmischen Witz. Mein Freund Gordon Hyatt ist regelrecht überzeugt, von den Zahlen vier und fünf verfolgt zu werden. Er wuchs in der Westmoreland Avenue 45 auf und verbrachte jedes Erntedankfest bei Freunden mit der Adresse Hopkins Place 54. Genau 54 Meilen von ihrem Haus entfernt kaufte sein Vater ein Geschäft in der Main Street 54.

1954 schlug Gordons Karriere eine völlig andere Richtung ein, die ihn in die Nachrichten- und Dokumentarabteilung von CBS brachte, deren Hausnummer 245 ist.

Ein Wink der Daten

Solche Zahlenzufälle beziehen sich häufig auch auf ganz bestimmte Daten. In seinem Buch „Eine kurze Geschichte der Zeit“ diskutiert Stephen Hawking die Theorie des Urknalls bei der Entstehung des Universums und die Bedeutung schwarzer Löcher im Universum.

Hawking wurde am 8. Januar 1942, dem 300. Todestag Galileos geboren, der als der erste Physiker der Neuzeit gilt und als Erster das Universum durch ein Teleskop betrachtete. Im letzten Kapitel erzählte ich von John Rigas von Adelphia Communications. Für ihn hat der 1. Februar eine ganz besondere Bedeutung: „Am 1. Februar wurde ich aus der Armee entlassen, bestand meine Abschlussprüfung an der Uni und feierte meine Hochzeit. Nach deiner Definition der ‘Winke’ ist der 1. Februar ein guter Datumswink für mich.“

Folge den Zeichen

An unserem Lebensweg stehen kleine und große Zeichen. Jedes hat seine eigene Bedeutung. Ignorieren wir kleinere Straßenzeichen, oder sind große Schilder wichtiger, nur weil sie groß sind?

Ich hoffe, du bist ebenso in der Lage, kleinen Zeichen die nötige Aufmerksamkeit zu schenken, auch wenn sie oft kaum mehr als ein leichtes Schulterklopfen oder ein guter Witz sind, der uns fröhlich stimmt. Wie dein Großvater will Gott dir durch dieses Augenzwinkern oft nur zeigen, dass er da ist und dir beisteht.

Kapitel 17

Verknüpfungen eines Wandteppichs

Langsam zogen an diesem 23. Dezember die Wolken des Schneesturms wieder von dem kleinen Dorf ab, in dem Pfarrer Nance seinen – wie er es nannte – „großen Einstieg“ vorbereitete. Am Weihnachtsabend würde er der versammelten Gemeinde sein Programm zur Restaurierung der historischen, aber schlimm heruntergekommenen Kirche vorstellen.

Als er die schwere Kirchentür knarrend aufschob, blickte er gespannt auf den Altarraum, der am Tag vor dem großen Sturm verputzt und frisch gestrichen worden war. Doch statt der freudigen Überraschung erwartete ihn hier ein bitterer Schock. Der Sturm hatte der Rückwand der Kirche während der Nacht einen gähnenden Riss zugefügt. Verzweifelt schüttelte er den Kopf und fragte sich, wie um alles in der Welt er den Schaden bis zur Weihnachtsmesse reparieren könnte.

„Mein Gott, ich brauche ein Wunder!“ stieß er verzweifelt hervor, als er durch die Kirche in die Sakristei ging. Da fiel sein Blick auf ein paar Gegenstände, die beim Weihnachtsflohmarkt übrig geblieben waren. Er trat näher und rollte die Ecke eines übergroßen Tischtuchs zurück. Ja, dämmerte es ihm, das könnte er wie einen großen Wandteppich über den Riss in der Kanzel hängen. Als der Tag sich dem

Ende zuneigte und der Pastor sich anschickte, die Kirche wieder zu verlassen, warf er noch einen zufriedenen Blick auf die Frucht seines kleinen „Wunders“. Statt des Mauerschadens prangte nun ein alter Wandteppich hinter dem Altar.

Er war schon fast bei seinem Wagen angelangt, als ihm einfiel, dass er seine Schlüssel im Büro hatte liegen lassen. Als er auf dem Rückweg wieder an der Bushaltestelle vorbeikam, sah er da noch immer eine kleine alte Frau in der Kälte sitzen, die ihm schon zuvor aufgefallen war.

„Wie lange warten Sie denn schon?“ fragte er sie.

Ihre dunklen Augen blickten ihn unsicher an, bevor sie ihm in gebrochenem Englisch und mit zitternder Stimme antwortete: „Eine Stunde.“

„Ich glaube, es wäre besser, wenn Sie mit mir kommen, während ich meine Schlüssel hole, und ich Sie dann nach Hause bringe,“ schlug er vor.

Als Pastor Nance wieder aus seinem Büro zurückkam, blickte er sich suchend nach der alten Frau um. Sie stand im Halbschatten hinter dem Altar und strich mit ihren faltigen Fingern über das alte Stück.

„Der ist von mir,“ flüsterte sie.

„Von Ihnen?“

„Ja, das sind meine Initialen,“ erwiderte sie und zeigte auf eine Ecke des Teppichs.

Dann erklärte sie dem verdutzten Pastor: „In Österreich hatten wir einen großen Tisch zu Hause. Ich habe dieses Tischtuch eigenhändig dafür gewebt. Im Krieg verlor ich nicht nur mein Heim, sondern auch meine Familie.“ Und mit Tränen in den Augen fügte sie hinzu: „Auch von meinem Mann wurde ich getrennt – und ich habe ihn nie mehr wiedergesehen.“

Der völlig vor den Kopf gestoßene Pastor stammelte: „Dann müssen Sie das Tischtuch unbedingt wiederhaben.“

„Nein, nein,“ erwiderte sie mit erhobenen Händen. „Behalten Sie es nur. Ich habe keinen Platz dafür.“

Die Fahrt durch die dunklen Straßen war sehr still. Mit einem Kloß im Hals verabschiedete sich Pastor Nance von der Frau und blickte ihr noch nach, als sie in ihrem bescheidenen Heim verschwand.

Auf der Heimfahrt dachte er noch viel über die Bedeutung dieses eigenartigen Erlebnisses nach. Wie groß war wohl die Wahrscheinlichkeit, eine einsame Frau an einer Bushaltestelle aufzulesen, die auf so wundersame Weise in Verbindung zu dem Tischtuch stand, das er am selben Tag an die Kirchenwand angebracht hatte. Was für ein außerordentlicher Wink Gottes an einem solch wichtigen Punkt seines Lebens, seinem großen Einstand als Pastor dieser Gemeinde. Es war unglaublich!

Am nächsten Abend krochen in derselben Kirche Kinder im Schafspelz herum, und die drei heiligen Könige wandelten zur Krippe, in der Maria einem kleinen Jesuskindlein ein Wiegenlied summte. Und während das Kerzenlicht über die Gesichter der versammelten Gemeinde flackerte und die Weihnachtslieder erschallten, strahlte Pastor Nance vor Freude über seinen gelungenen Einstieg.

Als gegen Ende des Abends die letzte Hand geschüttelt und das letzte „Frohe Weihnachten!" gewünscht war, überkam ihn ein wunderbares Gefühl großen Friedens. Noch einmal wandte er sich nach dem Teppich an der Wand um, der hier einen neuen Platz gefunden zu haben schien.

Plötzlich nahm er einen Schatten neben dem Teppich wahr und kniff die Augen zusammen, um zu sehen, wer da stand.

„Hallo?" rief er in die Dunkelheit.

Da er keine Antwort erhielt, rief er noch einmal und trat vorsichtig näher.

„Ach, du bist's, Hans!" seufzte er erleichtert, als er den Reparateur der Kirchenuhr erkannte. Doch der starrte wie gebannt auf den Teppich.

„Ist alles in Ordnung, Hans?"

„Das ist meiner," erwiderte dieser mit einem leichten Wiener Akzent.

„Wie bitte?“

„Der hat einmal mir gehört. Meine Frau hat ihn für unser Haus in Österreich gewebt. Hier sind sogar noch ihre Initialen. Dieses Tischtuch gehörte zu all dem, was ich im Krieg verloren habe. Auch meine Frau.“

Seine Augen wurden feucht.

Doch hatte Pastor Nance eine Länge Vorsprung. Auch ihm standen nun die Tränen in den Augen, als er das Wunder zu erfassen begann, welches sich an diesem Weihnachtsabend in seiner Kirche abzeichnete.

„Hans, würdest du bitte mit mir kommen. Ich möchte mit dir an einen Ort fahren, um dir das schönste Weihnachtsgeschenk zu machen, das du jemals bekommen hast.“

Unser aller Leben ist aus unzähligen Ereignissen gewebt. Manche sind traurig, manche froh. Beginnen wir die Fäden der Winke zu erkennen, die Gott ständig in dieses Gewebe unseres Alltags einflicht, können wir unendlichen Trost und Zuversicht darin erlangen.

Schlusswort

Und nach und nach fiel ihm Gott ins Auge.
McCord

Das *American Heritage Dictionary* definiert den Zufall als „eine Reihe unwillkürlicher Ereignisse, die geplant oder im Voraus bestimmt scheinen“. Nur lässt diese Definition natürlich eine Frage offen: Von wem sind sie „geplant oder im Voraus bestimmt“? Gläubige Menschen werden antworten: „Von Gott natürlich.“ Doch ist es völlig gleichgültig, wie wir diese kreative Lebenskraft nennen. In jedem Fall scheint sie nicht nur die Vergangenheit, sondern jeden Augenblick der Gegenwart zu lenken.

Doch welche Rolle kommt uns zu, wenn unser Leben von einer höheren Kraft gelenkt wird? Es genügt nicht, am Rande unseres Lebensweges zu sitzen und zuzusehen, wie sich unser Leben entfaltet. Wir haben erheblichen Einfluss auf unsere Zukunft und auf unser Schicksal. Die Winke Gottes zeigen uns lediglich, ob wir die richtigen Entscheidungen getroffen haben. Während wir Entschlüsse fassen, unseren Alltag leben und aus unserer Vergangenheit lernen, gibt uns Gott einen freundlichen Klaps auf die Schulter, um uns Zuversicht und Hoffnung zu spenden.

Es genügt nicht zu akzeptieren, dass das Leben ein großes Geheimnis ist, sondern wir müssen auch verstehen, dass jedem Einzelnen von uns eine ganz bestimmte Rolle in diesem Mysterienspiel zukommt. Es liegt an uns, unsere Träume zu verwirklichen und der göttlichen Offenbarung in unserem Alltag offen gegenüberzustehen. Das ist unser Schicksal.

Ich hoffe, dass auch du nun, immer dann, wenn ein Zufall in einem besonderen Augenblick deines Lebens geschieht, dich fragen wirst: „Hmm, ob das wohl ein Zwinkern Gottes war?"

Die Chancen sind groß, dass dem so ist.

Über den Autor

SQuire Rushnell ist Direktor des Goodlife TV Network und arbeitete 20 Jahre im ABC Television Network, wo seine Sendungen mit über 75 Emmy Awards ausgezeichnet wurden. Auch seine öffentlichen Vorträge erfreuten sich großer Beliebtheit, weshalb er auch häufig zu bedeutenden Fernsehsendungen wie Nightline, NBC News, CBS This Morning und Good Morning America eingeladen wird.

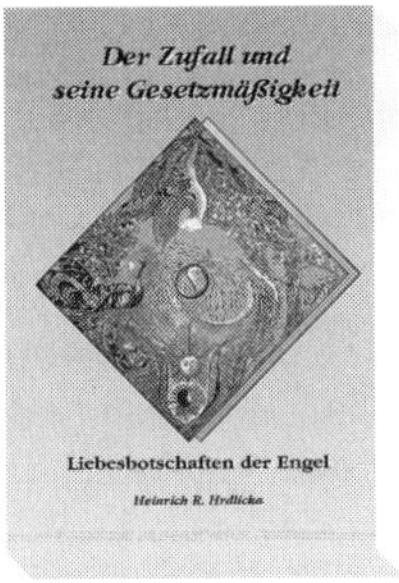

ISBN 3-923781-85-7
190 Seiten · gebunden
€ [D] 15,90

Heinrich Hrdlicka

Der Zufall und seine Gesetzmäßigkeit

Liebesbotschaften der Engel

Die Situationen, die uns zufallen, sind im Sinne einer höheren Ordnung zu deuten. Durch die Verbindung zu Engelwesen, die uns liebe- und humorvoll zur Seite stehen, lernen wir, mit dem Alltag anders umzugehen, in negativen Ereignissen einen Sinn zu sehen, Leid anzunehmen und in Liebe umzuwandeln. Praktische Lebenshilfe, die uns wieder zurück zu unserer eigenen Intuition führt und deutlich macht, den Alltag für unseren Weg ins Licht zu nutzen und ihn bewusst, ohne Angst und in Liebe zu leben.

ISBN 3-931652-17-3
304 Seiten · gebunden
€ [D] 16,90

Jean-Marie Paffenhof

Die Engel Deines Lebens

Wie Du mit ihnen Kontakt aufnimmst

Die 72 Schutzengel der jüdisch-christlichen Tradition, die uns während des gesamten Lebens unterstützen, werden hier vorgestellt. Sie helfen uns, unser ersehntes Glück zu realisieren und schwierige Situationen durchzustehen, vorausgesetzt, wir verstehen es, sie darum zu bitten. Es wird verständlich erklärt, wie wir unsere drei persönlichen Schutzengel entdecken und kontakten können: Das ist der physische Schutzengel bei Krankheit oder bei finanziellen, rechtlichen und beruflichen Problemen. Bei Schwierigkeiten in Beziehungen hilft uns ein emotionaler Schutzengel und bei unserer Persönlichkeitsentwicklung ein spiritueller Engel. Interessante Verbindungen zur Bibel, Kabbala und zum hebräischen Alphabet werden zudem erläutert. Ein wichtiges Standardwerk.

ISBN 3-931652-93-9
176 Seiten · broschiert
€ [D] 13,50

Kurt Tepperwein

Sei Meister Deines Lebens

Ein Übungsbuch

Als Meister unserer mentalen Kräfte können wir unsere Lebenskraft, unser „Chi" gezielt entwickeln und einsetzen. Wir leben nicht mehr als „Ich", sondern als „Selbst" und erkennen, wie wir unser Karma ein für alle Mal auflösen können.
Kurt Tepperwein zeigt uns, wie wir die Techniken des Geistes – von der schöpferischen Imagination über die richtige Aufmerksamkeit bis hin zum Leben in kreativer Gelassenheit – anwenden können, um für unsere Gesundheit, unsere Lebensumstände und unsere materiellen Verhältnisse die positive Grundlage zu schaffen. Als Meister unserer mentalen Kräfte wird uns das „Geheimnis der Wandlung" offenbar.

ISBN 3-923 781-34-2
116 Seiten · broschiert
€ [D] 9,90

Theo Fischer

Wu Wei – Lebenskunst des Tao

Die Antwort auf alle Probleme unseres Daseins ist unfassbar einfach

Wer je im Leben eine tiefgreifende Existenzkrise durchlebt hat, erinnert sich vielleicht, dass die Wende zum Besseren genau in der Phase eintrat, als er sich vollkommen erschöpft aufgegeben hatte. Nicht mehr kämpfen, im Strom der eigenen unendlichen Kraft leben – das meint WU WEI wörtlich: nicht handeln, nicht eingreifen, sondern uns jener kosmischen Energie anvertrauen, die Laotse einst das TAO genannt hat. Das ist die Weisheit, die dieses Buch lehrt: Von der Kunst des Nichthandelns über die Phänomene Aufmerksamkeit, Innerer Dialog und Loslassen bis zur Spiritualität im Tao. Mit Übungen für den Alltag.

ISBN 3-932781-67-9
168 Seiten · broschiert
€ [D] 12,90

Beate Bock

Un-Mögliches möglich machen

Ein Übungsbuch

Dieses Buch ist für Menschen geschrieben, die ihr Leben in einfacher Weise positiv verändern wollen. Beate Bock stellt Übungen vor, die im alltäglichen Leben mit erstaunlicher Leichtigkeit anzuwenden sind. Jeder kann die für ihn passenden Übungen wählen, um sein Leben einfach und vergnüglich positiv zu verändern.

ISBN 3-931652-97-1
224 Seiten · broschiert
€ [D] 14,90

Judith Bluestone Polich

Die Wiederkehr der Kinder des Lichts

Prophezeiungen der Inkas und Mayas für eine neue Welt

Die Autorin bietet einen tiefen Einblick in die alten Hochkulturen der Inkas und Mayas. Sie zeigt auf, wie sehr sich in unserer unmittelbaren Gegenwart die Prophezeiungen jener Hochkulturen erfüllen. Das Buch vermittelt, dass unser Weg in die Zukunft über das Verstehen unserer Vergangenheit führt. In eine Zukunft mit völlig neuen Möglichkeiten.

Isabella Monti

Ein himmlischer Dialog

Eine neugierige Seele spricht mit Gott über unsere Welt

Eine kleine Seele trifft Gott beim Spaziergang im Himmel. Zwischen beiden beginnt ein Gespräch über Liebe und Angst, Schuld und Unschuld, Freude und Leid, Krankheit und Tod, Erziehung und Beziehungen, Sucht und Eifersucht, Religion und den Sinn unseres Erdendaseins. Und Gott antwortet geduldig auf alle Fragen, einfach und klar. Das Büchlein ist für Jung und Alt, für Männer wie Frauen, für (Noch-) Pessimisten, Optimisten und Realisten, für Gläubige und Ungläubige – und ganz besonders für Sie. Die Geschichte der kleinen Seele ist ein wertvoller Wegweiser, der Mut machen und Perspektiven eröffnen kann.

ISBN 3-89845-013-9
64 Seiten · gebunden
€ [D] 9,90

Verena S. Trautwein

Die Kraft der Lichtspirale

Die Geburt in eine liebevolle und erfüllte Wirklichkeit
Mit praktischen Übungen

Mit unserem Körperbewusstsein befinden wir uns in der Welt der Trennung, während sich unsere Seele in der Welt der Einheit befindet. Wie können wir unser wahres Wesen, unsere Seelenessenz, erkennen und in unser Alltagsbewusstsein integrieren? Die Antwort ist gechannelt aus den geistigen Welten, von geistigen und inneren Führern. Übungen verhelfen zur energetischen Neustrukturierung der Persönlichkeit.

ISBN 3-931652-94-7
336 Seiten · gebunden
€ [D] 17,90

Satya Singh

Der Reif

Spannender Bewusstseinsabenteuer-Roman

Der Reif mit 12 kostbaren Steinen gehörte vor drei Jahrhunderten einem indischen Meister, der seine Macht missbrauchte, wodurch das esoterische Schmuckstück verloren ging. Dieser Meister wird als Archäologe in unserer Zeit wiedergeboren und macht sich mit einer indischen Seherin auf die Suche. Er besteht viele Abenteuer und wird zugleich in die Praxis und geistigen Hintergründe des Kundalini-Yoga eingeführt. Eine Synthese von „Die fünf Tibeter“ und „Die Prophezeiungen von Celestine“.

ISBN 3-931 652-55-6
272 Seiten · gebunden
zahlreiche Illustrationen
€ [D] 15,90

Dick Nijssen

Karten zur Selbstverwirklichung

Worte von großen Weisheitslehrern inspirieren dich und laden dich ein, zu einer noch tieferen Wirklichkeit erweckt zu werden.

ISBN 3-89845-023-6; 80 Karten in Karton; € [D] 10,90

Weitere Karten von Dick Nijssen:

Erkenntnis-Karten ISBN 3-931652-39-4 · 78 Karten · € [D] 10,90

Psychologische Erkenntniskarten ISBN 3-931652-58-0 · 78 Karten · € [D] 10,90

Spirituelle Erkenntnis-Karten ISBN 3-931652-69-6 · 78 Karten · € [D] 10,90

Kurt Tepperwein

Liebeskarten

Als deine täglichen Begleiter erhellen sie dein Leben mit Freude, Glück und Liebe. Kann einzeln oder mit Partnern gespielt werden.

ISBN 3-89845-011-2 · 77 Karten in Karton · € [D] 11,90;

Kurt Tepperwein

Herz-Karten

Die Herz-Karten sind sinnvolle Lichtträger, sie bringen mehr Freude, Glück und Liebe in dein Leben. Sie zeigen dir den Weg vom Hirn-Denker zum Herz-Denker auf.

ISBN 3-931 652-51-3 · 77 Karten in Karton · € [D] 11,90

Berthold Gunster

JA - aber Entscheidungs-Karten

Soll ich oder nicht? Wer die Wahl der bekannten Qual vorzieht, kommt mit diesen Karten schneller zum Ergebnis.

ISBN 3-89845-022-8 · 78 Karten in Karton · € [D] 10,90